어린이를 위한 뇌과학 프로젝트

정재승의 인간탐구보고서

기획 **정재승** | 글 **정재은 이고은** | 그림 **김현민**

아울북

차례

<인간 탐구 보고서>를 시작하며 **6**
　청소년들에게 '호모 사피엔스 뇌의 경이로움'을 일깨워 주었으면

등장인물 소개 **12**

프롤로그 **16**
　아우레 탐사대는 귀환하라

뇌가 말랑해지는 시간 **108**

한밤중의 외계인 인터뷰 **144**

아우레 뉴스 **150**

1 고마워요, 보스 ········· **25**
지구인이 멸종하지 않은 이유
　보고서 57　지구인들은 도움을 주고받는다

2 특명, 아기 돌보기! ········· **43**
말이 안 통해도 통하는 지구인의 감정
　보고서 58　지구인들은 이상한 따라쟁이다

3 기부의 여왕 ········· **59**
줍줍의 고물 창고가 반짝반짝 빛나다
　보고서 59　지구인의 공감 능력을 높이는 법

4 우리 팀 이겨라! ········· 75
　지구인의 마음이 하나가 되는 순간
　보고서 60 지구인은 '우리'를 좋아한다

5 루나는 어디에 ········· 93
　지구인에게 웃음과 위로를 주는 것
　보고서 61 이야기가 지구인의 뇌에 미치는 영향

6 외계인과의 조우 ········· 109
　지구에서의 마지막 밤

7 우주선이 도착했다 ········· 128

<인간 탐구 보고서>를 시작하며

청소년들에게 '호모 사피엔스 뇌의 경이로움'을 일깨워 주었으면

어린이와 청소년들에게 단 한 권의 책을 읽혀야 한다면, 그것은 '우리들에 대한 과학'이어야 한다고 생각합니다. 우리 인간이 왜 이렇게 행동하고 생각하는지 '마음의 과학'을 일러 주어야 한다고 말입니다. 어린 시절 우리가 무척 궁금해하고 고민하는 대부분의 것들은 바로 나와 가족, 친구들, 그리고 이웃들의 마음에서 비롯된 것들이니까요.

왜 엄마가 하지 말라는 행동은 더 하고 싶은 걸까요? 아빠가 형이나 오빠를 더 챙기면 질투가 나서, 왜 형까지 미운 걸까요? 왜 시험 때만 되면 교과서 말고 다른 책들이 더 읽고 싶어지는지, 왜 좋아하는 여학생은 더 잘 대해 주어야 하는데 오히려 놀리고 싶은지, 정말 궁금하지요.

어린이들에게 마음의 과학을

마음을 탐구하는 학문인 뇌과학과 심리학은 인간의 사고, 판단, 행동에 대한 가장 흥미로운 설명을 우리들에게 들려줍니다. 지난 150년간 신경과학자들과 심리학자들은 '인간 뇌가 어떻게 작동하여 마음

이란 걸 만들어 냈는지' 꽤 많은 걸 밝혀냈습니다. 초등학교와 중학교에 다니는 학생들에게 다른 나라 언어나 복잡한 수학 공식을 가르쳐 주는 것도 필요하지만, '마음의 과학'을 가르쳐 주는 것이 가장 중요합니다. 나는 누구이며, 우리는 어떤 존재인지, 인간 사회는 왜 이렇게 돌아가는지에 대해 과학자들이 밝혀낸 사실들을 아이들에게 알려 주어야 합니다. 그게 우리에게 진짜 유익한 지식이니까요.

그런데 놀랍게도, 우리나라는 고등학교를 졸업할 때까지 뇌과학이나 심리학을 배울 기회가 거의 없습니다. 생물 시간에 잠깐, '우리 뇌는 뉴런이라는 신경 세포들이 시냅스로 연결된 거대한 그물망(네트워크)이며, 뉴런들이 서로 전기 신호를 주고받으면서 놀라운 정신 작용을 만들어 낸다.'는 것 외에는 세상이 아이들에게 '뇌와 마음'에 대해 가르쳐 주지 않습니다.

제게는 딸 셋이 있습니다. 초등학교에 다니는 저희 딸아이들을 위해 제가 책을 한 권 낼 수 있다면, '어린이와 청소년들을 위한 뇌과학' 책이어야 한다고 생각했습니다. 그렇게 해서 이 책이 탄생하게 됐습니다. 무려 10년 전부터 준비했던 이 책이 여러 우여곡절을 거쳐 드디어 근사한 모습으로 빛을 보게 된 것입니다. 바라건대, 이 책이 혼란스러운 어린 시절과 고민 많은 사춘기를 관통하게 될 모든 10대들에게

'나에 대한 친절한 가이드북'이 되었으면 합니다. 뇌과학과 심리학이 그들을 유익한 방황과 진지한 성찰로 인도해 줄 겁니다.

인간의 일상을 낯설게 관찰하기

이 책은 외계인의 시선으로 인간을 탐구하는 흥미로운 이야기입니다. 아우레 행성으로부터 외계 생명체 아싸, 바바, 오로라, 라후드가 지구로 찾아옵니다. 아우레에서 더 이상 살 수 없게 되자, 이주할 외계 행성을 찾기 위해 지구에 파견 온 그들은 지구의 지배자인 인간들을 관찰합니다. 우리 인간들을 물리치고 지구를 점령할지, 인간들과 공존하며 지구에서 함께 살지 알아보기 위해 말입니다.

호모 사피엔스를 처음 만난 아우린들에게는 인간의 모든 행동 하나하나가 흥미로운 관찰 대상입니다. 얼굴에 옹기종기 모여 있는 눈, 코, 입의 형상에 지나치게 집착하는 것도 흥미롭고, 기억력도 자신들에 비해 부실하고, 불쑥불쑥 화를 내며 충동 억제를 잘 못하는 인간들이 그저 신기하기만 합니다. 그러면서도 그들은 자신들을 '현명한 동물(Homo sapiens, 호모 사피엔스)'이라고 부르니 말입니다. 전혀 합리적으로 행동하지 않는 우리 호모 사피엔스들이 그들에겐 그저 어리석게만 보일 뿐입니다. 하지만 그들이 우리를 점점 알아 가면서 우리

인간들의 장점도 파악하겠지요? 기대해 봅니다.

　아이들은 이 책의 첫 페이지를 열면서 외계인의 시선으로 인간을 바라보는 생경한 경험을 하게 될 것입니다. 아싸와 아우레 탐사대처럼 인간을 관찰한 후 '탐구 보고서'를 아우레 행성으로 보내는 과정에 동참할 것입니다. 이 과정을 통해 아이들은 우리들의 평범하고 당연한 일상을 낯설게 바라보는 경험을 하게 될 것입니다. 마치 우리가 곤충을 관찰하고 기록 일기를 쓰듯이, 인간의 일상을 관찰하고 탐구 보고서를 쓰면서 우리를 돌아보게 될 것입니다.

인간이라는 사랑스럽고 경이로운 생명체

　그 과정에서 아이들은 우리 인간을 비로소 '이해'하게 될 것입니다. 외계 생명체 라후드처럼 '인간은 정말 이해 못 할 이상한 동물'이라고 여겼다가, 점점 우리들을 이해하게 될 것입니다. 방금 본 것도 잘 기억하지 못할 정도로 호모 사피엔스의 기억 중추는 턱없이 부실하지만, 그렇기에 우리는 부실한 기억 중추를 만회하려고 '반드시 기억해야 할 것이 무엇인지, 소중한 것이 무엇인지 판단하는 능력'을 얻게 됐는데, 그것이 우리를 더 근사한 존재로 만든다는 것을 깨닫게 되지요. 친구가 산 옷이면 나도 사고 싶고, 형이 먹는 걸 보면 배가 고프지 않아도 나도 먹고 싶고, 동생이 우는 것만 봐도 나도 그냥 눈물이 날 정도로 우리 인간들은 '이상한 따라쟁이'입니다. 하지만 그 덕분에 다른 사람의 감정에 공감하며 슬픔을 함께 극복하고 힘든 역경을 이겨 낼 수 있다는 걸 깨닫게 됩니다. 아싸와 아우레 탐사대가 그렇듯, 우리 어린이들도 이 책을 읽으면서 인간 존재의 신비로움을 깨닫게 될 것입니다.

그러면서 결국 외계 생명체 아우린들이 '인간이 얼마나 사랑할 만한 존재'인지 알아주었으면 합니다. 무지 비합리적이고 종종 충동적이며 때론 폭력적이기까지 한 존재이지만, 인간 내면의 실체를 모두 알게 되면, 우리 호모 사피엔스가 얼마나 사랑스러운 존재인지 깨달았으면 좋겠습니다. 아우레 행성의 외계 생명체들이 제발 우리를 지배하려 하지 말고, 우리 인간들의 사랑스러운 매력에 빠져 주길 희망합니다.

무엇보다도, 인간의 뇌는 이성과 감성이라는 두 말이 이끄는 쌍두마차로서, 우리가 사는 세상을 좀 더 근사한 곳으로 만들기 위해 끊임없이 애쓰는 경이로운 기관임을 그들이, 아니 어린 독자들이 알아주었으면 합니다. 우리는 과학이라는 정교한 현미경을 가지고 있으면서도, 동시에 예술이라는 풍성한 악기도 가지고 있는 놀라운 생명체라는 사실 말입니다. 바티칸 시스티나 성당의 '천지창조'를 그릴 정도로

풍부한 감성을 가졌으면서도, 동시에 우주가 빅뱅에 의해 138억 년 전에 탄생했다는 사실을 밝혀낸 이성적인 존재라는 사실 말입니다.

인간의 숲으로 도전적인 탐험을!

인간의 실체가 모두 속속들이 밝혀질 때까지, 아싸와 아우레 탐사대의 '인간 탐구 보고서'는 아우레 행성을 향해 끊임없이 발신될 것입니다. 호모 사피엔스의 뇌가 가진 경이로운 능력, 사랑스러운 매력이 외계 생명체들에게 충분히 이해될 때까지 보고서는 결코 멈추지 않을 것입니다. 그 과정에서 우리 어린이들 또한 인간에 대한 이해가 깊어지겠지요? 외계 생명체 아우린들이 흥미롭게 써 내려간 '인간 탐구 보고서'에서 어린이들과 청소년들이 나를 발견하는 놀라운 경험을 하게 되길 진심으로 기대합니다. 사실 인간 탐구 보고서는 인간 사회를 지배하기 위해 아우레 행성의 정복자들이 작성한 무시무시한 보고서가 아니라, 인간이라는 숲을 탐색하는 외계 탐험가의 도전적인 보고서이기 때문입니다. 자, 이제 그들의 인간 탐험을 흥미롭게 함께해 주시길!

정재승 (KAIST 뇌인지과학과+융합인재학부 교수)

등장인물 아우레인

최고의 이성을 지닌 천재 과학자.
어린 지구인의 제안은 항상 거절하지만,
최근에는 딱히 그럴 이유를 못 찾는 중.
써니의 손에 이끌려 다른 세계로 들어간 것 같은
착각을 불러일으킨다는 지구의 수상한 장소를
방문한다. 지구인을 웃기고 울리는 특별한 기술이
정확한 감각의 아싸도 속일 수 있을까?

아싸

어떤 물건이든 쩍쩍 고치는
아우레 행성의 엔지니어.
줍줍의 헌 물건 수리 프로젝트에
동참하며, 창고에 몰래 숨겨 놓은 생물종
제거 장치를 찾으려 한다. 하지만 아무리
찾아도 장치는 보이지 않고, 바바는 뜻밖의
재능과 취향을 발견하게 되는데……!

바바

오로라

탐사를 총괄하는 아우레의 행동 대장. 서로의 감정을 마구 뒤섞는 비이성적인 지구인들과 공존하느니, 다른 행성에서 사는 게 낫다고 생각한다. 아우레 귀환용 우주선을 기다리던 중, 탐사대장으로서 용납 못 할 충격적인 소식을 접한다.

라후드

아우레로 돌아갈 생각에 마음이 들뜬 아우레 행성의 외계 문명 탐험가. 아쉬운 마음에 마지막으로 방문한 유에프오 카페에서, 외계인과 지구인을 깜짝 놀라게 할 결정을 내린다.

루나

지구 이주 추진 비밀 본부의 회장. 지구를 차지하기 위해서라면 무슨 짓이든 할 준비가 되어 있다. 토론으로 시간을 죽내는 지도부가 답답한 나머지, 독자적으로 임무를 수행하기로 한다.

등장인물 지구인

보스

쭈글쭈글한 피부가 슬픈
외계인 추적자의 보스.
피부를 되돌리기 위해서
외계인과 위험한 계약을 한다.

줍줍 여사

지금까지 주웠던 보물을 멋지게
활용할 방법을 고민하는
써니의 할머니. 이제는 다른 이들을
도우며 살고 싶다.

위니 원장

하루에도 열두 번씩
감정이 바뀌는 미용실 원장.
우는 사람을 보기만 해도
자기 일처럼 슬퍼져 눈물이 난다.

유니

수지와의 어색한 관계가 불편한
중학교 2학년. 우연한 계기로
같은 편이 된 수지와
끈끈한 공감대를 형성하게 된다.

루이

아우린들의 착한 외계인 이야기 퍼뜨리기 임무에 자기도 모르게 동참하게 된 지구인. 숨겨진 재능을 발휘해 독자들의 마음을 점점 사로잡고 있다.

수지

한데 뭉쳐 시끄럽게 구는 것은 교양 없다고 생각하는 유니의 같은 반 친구. 그러나 우리 팀이 지는 것은 절대 참을 수 없다.

윤박

보스의 외계인 찾기 프로젝트에 누구보다 열심인 보스의 부하. 새로운 탐지 장치를 개발해, 결국 외계인의 정체를 밝혀내 버린다!

/ 프롤로그 \

아우레 탐사대는 귀환하라

파타냐 행성 탐사대는 아우레 행성에 도착했다. 웜홀에서 길을 잃지 않고 무사히 돌아왔지만 썩 아름다운 귀환 장면은 아니었다.

　파타냐 탐사대의 요란한 귀환 덕분에 아우린들은 알게 되었다. 아우린의 이주 조건에 맞는 행성 후보지가 하나 더 생겼다는 사실을!

　아우린들은 지구와 파타냐, 어느 행성으로 이주할까?

　자연환경만 따지면 지구는 아우린에게 매우 적합한 행성이다. 지구인이 미약하게나마 이뤄 놓은 과학 기술 문명을 활용할 수 있다는 장점도 있다. 하지만 바로 그 지구인이 문제다. 지구의 주인 행세를 하는 지구인과 함께 사느냐, 지구인을 제거하고 지구를 빼앗느냐! 높은 이성의 아우린들도 결정하기 어려운 문제이다.

파타냐 행성은 물이 부족해서 문제다. 그나마 존재하는 물도 땅속에 꽁꽁 언 채로 저장되어 있어서 개발하는 데 시간이 많이 걸린다. 파타냐에는 지구인처럼 이성을 지닌 고등 생명체도 없다. 아우린이 이용할 만한 과학 문명이 전혀 없다는 뜻이다. 하지만 이 단점은 고등 생명체의 제거를 고민하지 않아도 되는 장점이기도 하다.

아우린들은 지구와 파타냐를 비교하며 종종 논쟁을 벌였지만 결론은 어느 행성이라도 좋다는 쪽으로 흘렀다. 중요한 것은 평화롭게 이주하여 안전하게 사는 것이지, 행성의 이름이 아니었기 때문이다.

그러나 지구 이주 추진 비밀 본부 회원들은 의견이 달랐다. 그들은 지구를 고집했다. 지구인을 제거하고 지구를 독차지하기를 원했다. 그래서 루나가 이미 지구에 가 있는 게 아닌가!

젤리 피부의 비밀 본부 회원들은 최상의 선택을 하기 위해 토론만 계속하는 지도부를 더는 기다릴 수 없었다. 이미 지구를 최적의 대체 행성으로 결론 냈는데, 다른 대안과 비교하느라 또 시간을 허비하다니!

비밀 본부 회원들은 지도부의 선택지를 줄여 주기로 했다.

비밀 본부의 계획은 지도부에 발각되고 말았다.

"지구 탐사대를 귀환시킨다!"

지도부는 문제를 해결하기 위해 탐사대 전원 소환 조치를 내렸다. 어차피 지구 탐사는 거의 마무리되었고 지도부의 결정만 남은 상황이니까.

지구 탐사대는 귀환하라.
새로 발견한 파타냐 행성과 지구 행성의 탐사대가 모여
아우린이 이주할 최종 행성을 결정한다.
이주 행성의 책임자는 각 행성의 탐사대원 중에서 결정한다.
- 아우레 행성 지도부 -

하지만 그 순간 비밀 본부의 회원 하나가 지구를 향해 또 다른 통신을 보내고 있었다.

1

고마워요, 보스

지구인이 멸종하지 않은 이유

귀환 명령을 받은 이후 아우레 탐사대의 일상은 180도 달라졌다. 아우린들은 지구인 노릇을 그만두었다. 라후드는 유에프오 카페에 나가지 않았고, 오로라는 위니 미용실에 출근하지 않았다. 아싸는 학교에 결석했다. 다들 번거로운 지구인 변장을 벗어 던지고 임시 본부에 머물며 아우레의 우주선이 데리러 올 날만 기다렸다.

"탐사대원 중 불법을 저지른 비밀 단체 회장이 있다고?"

바바는 탐사대원들을 떠올렸다. 특별히 수상한 대원은 없었다. 하지만 행성에 돌아가기 전까지 면밀히 관찰해야 한다.

생물종 제거 장치 회수 임무는 쉬웠다. 생물종 제거 장치는 사실 분실된 게 아니었다. 바바가 줍줍의 보물 창고에 몰래 숨겨 두었다.

바바는 의심받지 않고 줍줍의 보물 창고로 들어가기 위해 토토로 변신했다. 하지만 본부를 나선 지 1분도 되지 않아 유니에게 붙들려 다시 돌아왔다.

"토토, 집에 있어. 이따 누나가 산책시켜 줄게, 응?"

한편 본부에서 쫓겨난 라후드는 화가 났다. 곧 아우레로 떠나는 마당에 굳이 지구인 노릇을 계속하다니…….

"이제 곧 우주선이 온다. 무서운 외계인 추적자도 끝이고, 지겨운 출근도 끝이다."

출근하기 싫은 지구인처럼 구시렁거리던 라후드에게 갑자기 아우린치고는 풍부한 감정이 불쑥 솟아올랐다.

"지구를 떠나지도 않았는데 벌써 지구가 보고 싶다. 지구인은 이런 감정을 '그립다'고 하나? 그리우면 눈물도 흘리겠지? 지구인은 감정 반응이 몸으로 표현되니까."

라후드는 눈물이 난 척 눈가를 훔치며 유에프오 카페로 뛰어갔다. 그런데…….

라후드는 이 상황을 이해하지 못했다. 보스는 루나를 구하다가 다쳐서 내내 병원에 있었다. 그사이 다른 어린이를 구하지는 못했을 거다. 지구인의 신체를 지구인의 의료 기술로 치료하면, 회복되는 데 시간이 많이 걸린다.

'그런데 왜 저들은 우리 어린이라고 하지?'

라후드는 설거짓거리를 한가득 들고 온 윤박에게 물었다.

"이렇게 소중한 우리 어린이를 도와주었으니 당연히 고맙죠. 신체적으로 약하디약한 지구인들이 이렇게까지 문명을 이루고 발전한 건 서로를 돕기 때문이에요. 때로는 큰 손해를 보더라도 다른 이를 돕는 마음, 정말 아름답지 않아요?"

윤박의 말이 끝나자마자 카페의 손님들이 윤박의 말에 동의한다는 듯 박수를 쳤다.

'아름답다고? 너무나 비이성적이다.'

우주의 모든 생명체에게 가장 중요한 것은 자신의 안전이다. '나'라는 생명이 끝나면 우주고, 다른 지구인이고, 아무런 의미가 없다. 그런데 지구인은 자신의 목숨까지 희생해 가면서 남을 돕는다니, 라후드는 도무지 윤박의 말에 동의할 수 없었다.

라후드는 머리로는 지구인의 특성을 이해하려 애쓰면서도 손은 바삐 움직였다. 커피를 내리고, 우유를 데우고, 레몬을 짜고, 얼음을 갈고, 물을 끓이고, 베이글을 데우고, 컵과 접시를 씻고……. 마침내 라후드는 털썩 주저앉았다.

"휴식이 필요하다."

라후드는 달달한 커피를 앞에 두고 잠시 쉬었다. 카페 앞은 여전히 손님들로 북적였다. 그 가운데 루이도 있었다. 라후드는 루이에게 인사를 하려다 말고 눈을 부릅떴다.

아우레 탐사대는 착한 외계인 이야기를 퍼뜨려, 지구인들이 외계인을 좋아하게 만드는 임무를 수행 중이었다. 그 일을 위해 이야기 꾸미는 능력이 뛰어난 루이를 이용하고 있었다.

루이는 아우린의 예상보다 이야기 임무 수행 능력이 뛰어났다. 루이의 웹툰이 인기를 끌면서 외계인에 대한 좋은 인식을 가진 지구인들이 점점 늘어나고 있었다. 시간이 더 있다면, 지구인들은 외계인을 매우 좋아하고, 외계인과 함께 살고 싶어 할 것이다.

하지만 탐사대의 지구 임무는 공식적으로 끝났다. 그런데 왜 루나는 루이를 쫓아다니지? 지구 책임자 자리를 노리고 루이를 끝까지 이용하려는 것인가?

'루나가 루이를 괴롭히게 내버려 두지 않겠어!'

라후드는 루이를 지키기 위해 카페를 뛰쳐나가려 했다. 그 순간 윤박이 문을 가로막았다.

"라후드 씨, 잠깐만요. 외계인 탐지 장치를 새로 설치했는데 한번 켜 볼게요. 이제 라후드 씨가 지나가 봐요."

외계인 탐지 장치? 라후드는 그 자리에서 딱 멈췄다.

"네? 왜, 제가……?"

"시험해 보게요. 보스, 보세요."

윤박은 라후드가 지나갈 수 있도록 자리를 비켜 주었다. 보스는 의심스러운 눈초리로 윤박을 쳐다보며 물었다.

"이번엔 확실해?"

보스는 윤박이 영 못 미더웠다. 하지만 라후드는 윤박을 믿었다. 라후드는 카페 문에 설치한 외계인 탐지 장치가 "지구인 같은 외계인입니다."라고 말할까 봐 카페 안에서 꼼짝도 하지 않았다. 주방에 틀어박혀서 밀린 청소와 설거지를 하며 모두가 퇴근할 때까지 기다렸다.

"라후드 씨, 퇴근해요."

보스가 몇 번이나 말했지만, 라후드는 일하는 게 좋다고 마음에도 없는 소리를 하며 버텼다. 자정이 다 되어 집에 가려고 나선 보스는 라후드의 사정도 모르고 말했다.

"라후드 씨는 참 성실한 사람이야. 만약 내가 이 카페를 누군가에게 넘긴다면 라후드 씨 같은 사람을 선택할 거예요."

보스가 돌아가자마자 라후드는 카페의 전원을 모두 내렸다. 외계인 탐지 장치가 멈춘 것을 몇 번이나 확인한 다음, 카페의 문을 조심스럽게 나섰다.

라후드는 무사히 카페를 탈출했다. 임시 본부에 돌아간 라후드는 지구인 슈트를 벗어 던지며 소리쳤다.

보고서 57

지구인들은 도움을 주고받는다

 2020년 3월 20일   아우레 7386년 8월 35일   작성자: 라후드

지구 사건 개요

* 지구인들은 매일 보던 지구인이 갑자기 사라지면 난리가 남. 온갖 상상의 나래를 펼치며 걱정하고, 그 사람을 찾기 위해 무단 침입도 강행함. 때문에 아우레로 돌아갈 때까지 본부에서 휴식을 취하려던 대원들의 계획은 실패로 돌아감.
* 유에프오 카페에 갑자기 엄청난 수의 지구인들이 몰려옴. 이들은 보스의 선행에 보답하기 위해 음료와 케이크를 팔아 주러 온 손님들. 돈으로 혼쭐을 내 준다며 끊임없이 먹고 마시는 지구인들 때문에 카페 알바가 매우 힘들어짐.
* 심지어 카페의 외계인 탐지 장치가 성능이 더 좋은 것으로 바뀜. 정체를 들키지 않으려면 가장 일찍 출근하고, 가장 늦게 퇴근해야 함. 지구 생활이 점점 괴로워짐. 얼른 아우레로 돌아가고 싶다!

지구인의 기분을 좋게 만드는 '돕기'

- 보스와 루나, 손님들은 서로 모르는 사이임. 하지만 보스는 루나를 도왔고, 손님들은 보스를 도왔음. 지구인들은 서로 싸우고 경쟁하고 이기적으로 굴기도 하지만, 동시에 이렇게 모르는 사람을 돕는 이타적인 모습도 있음.
- 실험에 따르면, 돕기가 지구인을 행복하게 만든다고 함. 캐나다 심리학자 엘리자베스 던은 출근 전 직장인 46명을 만나 행복도를 측정함. 이후 약 2만 원을 주며, A그룹에게는 스스로를 위해, B그룹에게는 남을 위해 돈을 쓸 것을 주문함. 오후에 이들을 다시 만나 행복도를 측정하자, B그룹의 행복도가 A그룹보다 증가함.
- 지구인들은 돕기를 통해 '뿌듯함'을 느낌. 이는 스스로의 힘으로 무언가를 완성하거나 어려운 상황을 헤쳐 나갔을 때 느끼는 긍정적인 감정임. 이런 감정적 이득을 위해 지구인들은 다른 이를 돕는 것 같음.

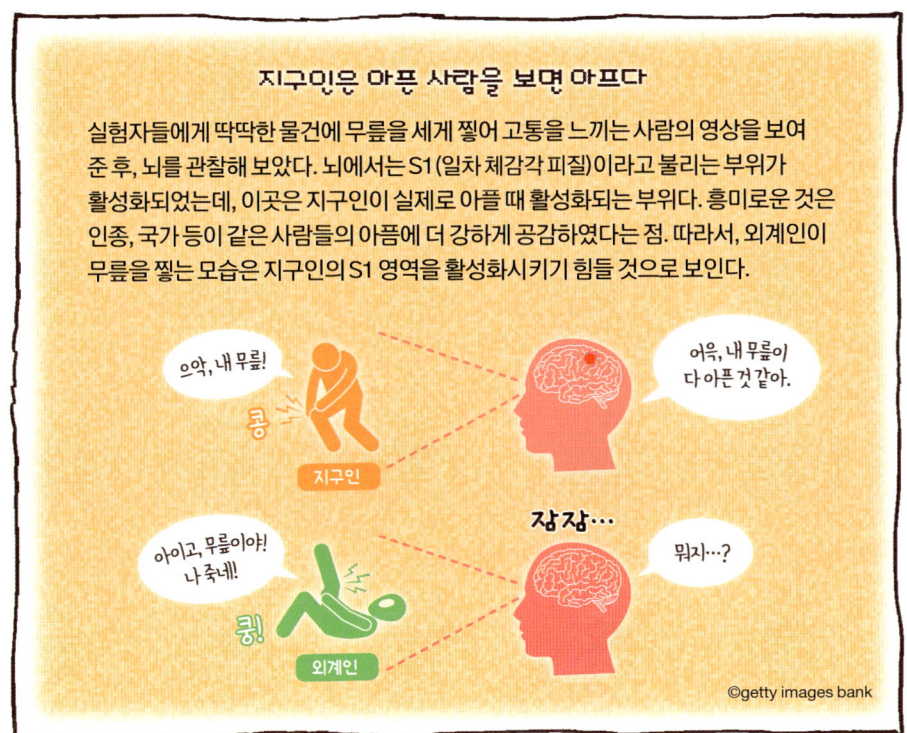

지구인 이타성의 기원

- 지구인은 일방적으로 상대방을 돕기도 하지만, 대개 서로 도움을 주고받으며 생활함. 언젠가 친구가 나에게 양보를 했다면, 나도 친구에게 지우개를 빌려주고, 그것이 고마웠던 친구는 다시 나를 도와주는 것임. 이런 관계를 '호혜적 관계'라고 부름.
- 자신과 유전자를 공유하는 가족도 아닌데, 왜 서로를 도와주는 걸까? 로버트 트리버즈라는 학자는 이를 '호혜성 이타주의'라는 개념으로 설명함. 지구인을 포함한 많은 지구 생물체들의 이타성은 '다음엔 네가 나를 도와줘.', 즉 미래에 얻게 될 이익을 기대하며 도움을 주고받다가 생겨났다는 것. 결국 이타적인 행동이라고는 하지만 미래의 자신을 위한 행동이라는 뜻임.
- 하지만 이것으로는 보스의 행동을 설명하지 못함. 보스는 대가 없이 생명을 담보로 한 희생을 했음. 루나가 나중에 자신을 도울 수도 있다고 생각한 걸까? 정말 궁금함.

가장 이득을 보는 지구 최고의 전략

- 아무리 친하게 지낸다고 해도 상대의 마음을 다 알 수는 없음. 따라서 지구인들은 항상 상대가 나에게 잘해 줄지, 배신을 할지, 잘 모르는 상태에서 결정을 내려야 함. 이런 상황에서 가장 이득을 볼 수 있는 전략은 무엇일까. 이 문제의 답을 찾기 위해서 지구인 학자들이 고안한 게임이 있음. 바로 '죄수의 딜레마'.

죄수의 딜레마! 용의자의 선택은?

두 명의 용의자를 각자의 방에 가둔 다음 자백할 기회를 준다. 용의자는 자백하거나 침묵할 수 있다. 각 상황의 형량이 다음과 같다면 용의자인 '나'는 어떻게 해야 할까?

(*단, 상대의 보복은 없을 것이라 가정한다.)

	상대의 자백	상대의 침묵
자신의 자백	자신, 상대 모두 3년	자신 석방, 상대 10년
자신의 침묵	자신 10년, 상대 석방	자신, 상대 모두 1년

- 가장 이득인 건 나만 자백을 하는 상황임. 하지만 상대도 같은 생각으로 자백을 하면, 둘 다 3년 형을 받게 됨. 반대로 조금 손해를 보더라도 둘 다 침묵한다면 1년 형으로 끝날 수 있음. 하지만 이를 예상한 상대가 혼자서 자백을 한다면, 나만 10년 형을 받게 됨. 따라서 자백하기도 침묵하기도 어려워짐.

- 이 문제를 풀기 위해 세계 각국의 전문가들이 모여 모의 시뮬레이션 대회를 연 결과, 우승은 코웃음이 날 만큼 단순한 전략, '팃포탯'이 차지했음. 팃포탯의 전략은 딱 두 단계임.

    1. 처음엔 협력한다.
    2. 이후에는 상대방이 직전에 했던 행동을 대갚음한다.

- 지구인은 삶을 살아가면서 자연스럽게 '팃포탯' 전략을 학습하게 됨. 서로 일단 돕고 협력하는 것이 모두에게 가장 좋다는 것을 깨우친 것. 지구인들이 처음 만난 상대에게 친절히 대하고, 그들을 기꺼이 돕는 이유는 여기에 있었음.

2

특명, 아기 돌보기!
말이 안 통해도 통하는 지구인의 감정

바바는 또 토토로 변신했다. 목적은 어제와 같다. 줍줍 여사의 보물 창고에 몰래 들어가는 것. 바바는 대문을 살짝 열고 두리번두리번 주위를 살폈다.

"유니 없다. 좋은 기회다."

그때 갑자기 덜컹, 옆집 대문이 열렸다.

'줍줍 여사가 멀리 외출하면 보물 창고를 천천히 뒤진다.'

토토는 대문 밖으로 오른쪽 앞발만 살포시 내밀고 줍줍 여사가 사라지기를 기다렸다. 그런데 줍줍 여사는 토토에게 다가왔다.

"아이고, 토토 또 밖에 나가려고? 혼자 다니면 못써. 사람들이 유기견인 줄 알고 잡아가면 어쩌려고."

줍줍 여사는 토토를 마당 안으로 밀어 넣고 냉큼 따라 들어왔다. 위니 원장도 큼직한 쌍둥이 유아차를 밀고 쳐들어왔다. 그들의 목적지는 아우린 임시 본부였다.

옆집 침입자들은 마치 자기 집인 양, 천연덕스럽게 임시 본부를 장악했다.

아기 지구인들의 분비물로부터 예민한 젤리 피부를 지켜야 한다. 루나는 급히 임시 본부 탈출을 시도했다. 하지만 줍줍 여사에게 들키고 말았다.

지구 음식 중 특히 육식을 거부하는 오로라는 치킨을 해결하기 위해 루나의 탈출을 막았다.

치킨이 도착하자 지구인 침입자들은 텔레비전 앞에 모여 앉았다.

"치킨은 드라마를 보면서 먹어야 맛있지. 오로라, 루나, 어서 와서 같이 먹자."

마침 텔레비전에서는 위니 원장이 좋아하는 드라마가 시작되었다.

줍줍 여사는 드라마를 보기 시작한 지 딱 58초 후에 갑자기 눈물을 흘렸다. 위니 원장도 마찬가지였다. 아우린 본부는 금방 지구인들의 눈물바다가 되었다.

눈물은 지구인의 눈을 보호하는 분비물이다. 외부 물질이 눈으로 들어갔을 때 눈물을 흘려서 외부 물질을 눈 밖으로 내보낸다. 또한 눈물은 지구인의 감정을 표현하는 신체 반응이다. 지구인은 슬플 때 눈물을 흘린다.

'58초 전까지 슬픔을 느낄 사건이 없었다. 그런데 갑자기 두 지구인이 동시에 눈물을 흘린다는 건……?'

"눈에 먼지가 들어갔군요?"

오로라의 질문에 지구인들은 텔레비전을 가리켰다.

"아니, 오로라는 이 드라마 안 봐? 난 주인공이 울면 같이 슬퍼지던데."

"나도 누가 울면 그냥 따라서 눈물이 나."

줍줍 여사는 한 손으로는 눈물을 훔치며 다른 손으로는 텔레비전 리모컨을 집었다.

"아이고, 주책이다. 위니야, 우리 다른 것 보자."

줍줍 여사는 코미디 프로그램으로 채널을 돌렸다.

"어머머머, 쟤들 좀 봐!"

곧 위니 원장과 줍줍 여사는 언제 울었냐는 듯 깔깔 웃기 시작했다. 방금까지 울먹거리던 아기들도 두 사람을 보며 까르르 따라 웃었다.

"아유, 아기들이 뭘 알겠어요. 그냥 우리가 웃으니까 따라서 웃는 거지. 그치~?"

줌줌 여사의 말에 위니는 오로라를 힐끔 보며 말했다.

"엄마, 근데 오로라는 안 웃어. 이유 없이 따라 웃는 걸 본 적이 없어. 오로라는 로봇 아니면 외계인이야."

정체를 들킬 위험에 처한 오로라는 어색하게 입을 쫙 벌리며 활짝 웃었다.

"그럴 리가요. 두 사람이 웃는 걸 보니 저도 이렇게 웃게 되는걸요. 하하하."

오로라는 루나에게도 재빨리 텔레파시를 보냈다. 지구인의 웃음을 따라 하라고.

깔깔깔, 호호호~. 임시 본부 바깥으로 외계인과 지구인의 시원한 웃음소리가 퍼졌다.

위니 원장은 한참을 웃으며 이야기를 하다가 갑자기 벌떡 일어났다.

"어머, 예약이 있었는데 깜빡했네. 금방 갔다 올게요. 오로라, 나 잠깐만 도와줄래요?"

위니 원장은 줌줌 여사에게 쌍둥이들을 부탁하고 급히 나가 버렸다. 오로라도 위니 원장을 쫓아 나갔다. 루나도 벌떡 일어났다. 젤리 피부를 위협하는 아기들에게서 벗어나고 싶었다.

"요 녀석들은 우리 차지네. 루나야, 할머니 좀 도와주렴."

루나는 줌줌 여사에게 붙잡혀 또다시 탈출에 실패했다. 줌줌 여사는 아기들의 기저귀를 갈고, 우유를 먹이며 부산스럽게 움직였다. 그러다 갑자기 얼음처럼 굳었다.

"아이고, 내가 가스 불을 껐나, 안 껐나? 곰국을 끓이고 있었는데……. 루나야, 잠깐만 아기들 좀 보고 있어. 얼른 집에 가 봐야겠다."

줌줌 여사는 정신없이 뛰쳐나갔다. 이제 아우린 임시 본부에는 루나와 쌍둥이 아기들만 남았다. 루나는 일단 줌줌의 말대로 아기들을 보았다. 눈 한 번 깜빡이지 않고 집중해서 쳐다보았다. 침을 질질 흘리며 아장아장 걷는 아기들을…….

몇 시간 뒤 위니 원장과 줌줌 여사가 돌아왔다. 아기들은 힘들게 놀아 준 바바와 루나를 팽개치고 위니와 줌줌에게 냉큼 안겼다. 바바와 루나에게는 참 다행인 일이었다.

바바와 루나는 아기들이 자신들의 정체를 밝힐까 봐 긴장하며 텔레파시를 주고받았다.

아기들은 바바와 루나의 정체를 다른 지구인들에게 알리지 않았다. 사실은 아기 지구인과 어른 지구인은 말이 통하지 않아서 알리고 싶어도 알릴 수 없었다.

아기들이 돌아가자마자 바바는 소파에 털썩 주저앉았다. 루나는 그대로 바닥에 드러누웠다. 두 외계인은 지구에 온 이후 가장 지친 모습이었다.

일을 마치고 돌아온 오로라는 에너지를 몽땅 소진한 대원들에게 긴급 에너지 알약을 공급하며 물었다.

"도대체 아기 지구인이 어떻게 했나? 어른 지구인보다 아기 지구인을 상대하기가 더 힘든가?"

"두 배는 더!"

바바와 루나는 동시에 대답했다.

"역시! 나는 지구와 지구인이 다 싫다. 아우린의 지구 이주가 결정되어도 지구로 돌아오지 않겠다. 다른 행성으로 떠날 거다."

오로라는 고개를 절레절레 흔들었다. 바바는 지구인에게 치를 떠는 오로라를 보며 생각했다.

'지구 이주 추진 비밀 본부의 회장이 지구를 싫어하진 않을 것이다. 그럼 남은 대원들 중 누구지?'

보고서 58
지구인들은 이상한 따라쟁이다

🌍 2020년 3월 21일   아우레 7386년 8월 40일   작성자: 바바

지구 사건 개요

* 토토로 변장해 줍줍의 창고로 들어가려 했지만 실패. 강아지들은 대부분 반려인과 함께 다니기 때문에 지구인들은 혼자 돌아다니는 강아지를 꼭 집에 데려다주려고 함. 지구인들이 잠든 시간에 침입하는 걸 고려해 보고 있으나, 걸리면 경찰서에 갈 수 있으므로 일단은 보류함.
* 지구인들은 다른 사람의 기분에 공감한다는 '보고서 16'의 내용이 확인됨. 지구인들은 옆 사람, 심지어 알지도 못하는 텔레비전 속 지구인의 감정에 영향을 받아 따라 울고, 따라 웃음. 오로라와 루나 또한 외계인 의심을 피하기 위해서, 위니와 줍줍의 감정 표현을 재빨리 따라 했음.
* 지구 아기들에게 정체를 들킴! 다행히 아기들의 언어는 지구인들에게도 일종의 외계어라 이해하는 지구인은 없었음. 아기 지구인들이 제대로 된 지구 언어를 말하기 전에 이들의 처리 방법을 정해야 함.

지구인의 감정은 전염된다

- 지구인들은 슬퍼하는 사람을 보면 자신도 눈물을 글썽이고, 웃는 사람을 보면 저도 모르게 웃음을 터뜨림. 이미 복잡한 감정 체계를 가지고 있는데, 옆 사람의 감정에까지 전염되어 하루에도 수십 번씩 감정이 오락가락함.
- 지구인 감정 전염의 이유는 바로 '공감'을 하기 위해서였음. 공감을 하려면 다른 사람의 상황을 인지적으로 이해해야 할 뿐만 아니라, 그 사람의 정서를 함께 느낄 수 있어야 하기 때문. 예를 들어, 사막에서 쓰러진 사람을 보고 '목이 마르겠구나.'라고 생각만 하는 것은 공감이라고 하기엔 부족함. 그 사람의 고통을 같이 느끼고, 마실 물을 건넬 수 있어야 하는 것.

- 지구인의 공감 능력은 예로부터 지구인 생존에 큰 도움이 됨. 농사와 사냥처럼 집단 활동을 주로 했던 지구인들에게, 공감은 다른 사람의 행동과 의도를 읽어 내는 데 유용하게 쓰임. 옆 사람의 행동을 보고 따라 하면서 돌도끼 만드는 법을 익히고, 서로의 마음을 보듬어 평화를 유지하게 함. 힘을 합쳐 다리를 건설하고 건물을 짓게 함. 지구인에게 공감 능력이 없었다면 지구에서 가장 번성한 종이 될 수 없었을 것임.

지구인 공감의 필수 요소

- 지구인들이 타인의 마음을 읽기 위해 얼굴 표정을 중요하게 생각한다는 이야기는 '보고서 26'에서도 언급된 바 있음. 이 능력은 아주 어릴 적부터 발휘되어 지구인 아기들도 엄마의 표정을 읽을 수 있는 것이 확인됨.
- 생후 6개월이 된 아기들을 대상으로, 엄마가 웃을 때와 무표정일 때의 반응을 관찰한 실험이 있음. 엄마의 웃는 모습을 본 아기들은 자신도 미소를 짓고 박수를 치는 등 상호 작용 하려는 모습을 보였지만, 엄마의 무표정을 볼 때는 발을 동동거리며 불안해했음.
- 지구 엄마들 또한 아기의 표정을 보고 공감하였음. 아기의 사진을 보여 주자, 엄마들의 거울 뉴런과 뇌섬엽, 변연계 영역이 매우 활발히 움직임. 아기의 표정을 본 거울 뉴런이 뇌섬엽과 변연계에 감정 정보를 전달하고, 그 감정을 읽어 내는 과정이 일어난 것임. (거울 뉴런에 대한 자세한 정보는 '보고서 16'을 참고할 것!)

- 거울 뉴런이 과도하게 활성화되는 경우, 지구인의 일상생활은 매우 어려워질 수 있음. 영국의 피오나 토랜스라는 지구인은 거울 뉴런이 지나치게 예민해진 나머지, 타인과 자신을 구분하지 못하게 됨. 이 지구인은 다른 사람이 먹는 걸 보면 배가 부르다고 느껴, 자신의 음식을 잘 섭취하지 못했음. 길에서 누군가가 맞는 장면을 보고선 자신이 맞았다고 착각한 뇌가 충격을 받아 기절해 버린 적도 있다고 함.

- 공감은 다른 사람이 되는 동시에 정말로 그 사람이 되어서는 안 되는 매우 어려운 일인 듯함. 이성이 낮은 지구인들이 이런 고난도의 일을 어떻게 해낼 수 있는지 신기함.

지구인 사이코패스 뇌 분석

- 미국의 신경학자인 제임스 팰런은 사이코패스 범죄자의 뇌를 연구하였음. 그 과정에서 자신의 뇌가 사이코패스의 뇌와 유사하다는 것을 알게 됨. 사이코패스 범죄자와 팰런의 뇌는 공통적으로 감정 판단을 돕는 편도체와 도덕적 행동에 관여하는 안와 전두 피질이 정상적으로 작동하지 않았던 것. 팰런은 자신이 사이코패스 범죄자와 비슷한 뇌를 가졌음에도 폭력 범죄를 저지르지 않고 성장할 수 있었던 이유가 무엇일지 궁금해져, 연구를 시작하게 됨.
- 팰런의 연구에 따르면 사이코패스 범죄자가 되려면 아래의 세 요건을 충족해야 함.
  - 뇌의 안와 전두 피질과 편도체를 포함한 전측두엽의 기능 저하.
  - 싸움꾼 유전자로 대표되는 위험한 변이 유전자 다수 존재.
  - 어린 시절의 신체적, 정신적 학대 경험.
- 팰런은 자신이 어린 시절에 화목하고 사이좋은 가족, 친구들과 긍정적인 상호 작용을 하며 성장하였기 때문에, 사이코패스 범죄자가 되지 않았다고 설명함. 어릴 때부터 상대의 입장에 서 보는 연습을 하면서, 상대방의 처지를 이해하고 적절히 대응할 수 있게 되었다는 것. 지구인들은 실제로 공감 능력을 계발 가능한 것으로 생각함. 이 때문에 매일매일 서로를 공감해 주며 공감을 연습하나 봄.

3

기부의 여왕

줍줍의 고물 창고가 반짝반짝 빛나다

"일십백천만……. 한참 모자라네."

줍줍 여사는 통장을 들여다보며 땅이 꺼져라 푸우 한숨을 쉬었다.

"돈을 어디서 구하나?"

줍줍 여사도 젊어서는 돈을 벌었다. 화장품 판매원도 하고, 주산 학원 선생님도 하고, 에어로빅 강사로도 일했다. 하지만 이제 시대가 변했다. 사람들은 화장품을 인터넷에서 샀고, 주산이나 주판은 골동품이 된 지 오래다. 요즘은 에어로빅보다 댄스나 필라테스가 대세란다.

아무리 생각해도 줍줍의 일자리는 딱 한 군데밖에 없었다. 줍줍 여사는 위니 미용실의 문을 열었다.

줍줍 여사는 터덜터덜 집으로 돌아왔다. 보물 창고의 문을 활짝 열고 보물을 하나하나 살펴보았다. 막상 돈이 될 물건은 많지 않았다. 줍줍 여사는 한숨을 푹 쉬었다.

"다 팔면 얼마나 받으려나……."

마침 집에 돌아온 유니가 할머니를 보고 물었다.

"할머니, 보물 팔게요? 이거 팔면 돈 많이 벌어요?"

"아니, 다 팔아 봐야 얼마 안 될 것 같아. 모을 땐 보물인데 팔 때는 고물이거든. 재활용 센터 김 사장 전화번호가 어디 있더라? 에휴."

줍줍 여사는 한숨을 연거푸 쉬며 전화번호부를 뒤졌다. 유니는 할머니의 소중한 보물을 고물로 팔고 싶지 않았다. 뭐, 좋은 방법이 없을까? 보물을 보물로 파는 방법?

"할머니, 우리 벼룩시장 열어요. 재활용 센터에 한꺼번에 넘기는 것보다 마당에 펼쳐 놓고 하나씩 파는 게 훨씬 비싸게 받을 수 있어요."

"값을 더 받으면 좋긴 하겠다만, 누가 이런 헌 물건들을 사? 고장 난 것들은 그냥 가져가면 쓰지도 못해."

유니는 다시 궁리를 했다. 때 탄 물건들은 깨끗이 닦으면 되고, 고장 난 물건들이 문제인데……. 그때 마침 바바 할아버지가 집 앞을 지나갔다.

찾았다! 유니는 활짝 웃으며 바바에게 달려갔다.

"바바 할아버지, 저희 할머니가 벼룩시장을 열어서 보물을 다 팔기로 했거든요. 그래서 말인데요, 그중에서 고장 난 물건을……."

바바는 줌줌 여사의 보물 창고에 생물종 제거 장치를 숨겨 놓았다. 그게 벼룩시장에서 팔리기라도 하면, 지구인에게 가장 위험한 물건이 지구인의 손에 들어가게 된다.

"안 돼!"

바바는 유니의 말이 끝나기도 전에 꽥 소리를 지르며 줌줌의 보물 창고로 달려갔다.

다음 날, 바바는 당당하게 줍줍의 보물 창고로 들어갔다. 생물종 제거 장치는 구석에 놓인 낡은 세탁기 안에 숨겨 두었다. 바바는 슬그머니 주위를 둘러본 뒤, 재빨리 세탁기를 열고 바닥을 더듬었다.

세탁기 안은 텅 비어 있었다.

"분명히 여기에 넣어 두었는데 없어졌다! 나의 기억력은 100% 정확하다."

보물 수리는 어렵지 않았다. 최첨단 지식과 고도의 이성으로 무장한 바바에게는 너무나 단순한 작업이었다. 단 한 가지, 줌줌 여사의 특별 요청 사항만 빼면 말이다.

"보기 좋은 떡이 먹기도 좋다고, 이왕이면 색깔도 예쁘게 칠하고 근사하게 꾸미면 좋겠어요. 이 자전거들도 분홍과 갈색, 하늘색과 회색으로 어울리게 칠해 주세요."

외모에 지나치게 집착하는 지구인다운 요청이었다. 바바는 멀쩡하게 고친 자전거에 분홍색 스프레이 페인트를 뿌리며 투덜거렸다.

"자전거의 색깔은 자전거의 기능을 향상시키지 못한다."

어느새 바바는 보물을 편리하고 예쁘게 재탄생시키는 일에 푹 빠졌다. 고칠 물건은 고치고, 버릴 물건은 버리고, 깨끗하게 닦을 물건은 닦았다. 단 한 개의 물건도 남기지 않고 싹 다 정리했다. 하지만 생물종 제거 장치는 찾지 못했다.

'그냥 임시 본부에 숨길걸.'

바바는 자신의 선택을 또 후회했다. 지구는 절대 후회 같은 건 하지 않는 완벽한 이성의 아우린들을 자꾸 후회하게 만드는 이상한 행성이었다.

일요일, 드디어 줍줍의 벼룩시장이 열렸다. 줍줍의 친구들과 이웃들이 응원차 들러 물건을 사 주었다. 유니와 해진이 학교와 SNS에 홍보를 많이 한 덕분에 학생 손님들도 찾아와 골동품을 구경하고 흥정했다. 훌륭한 시민인 보스를 보러 유에프오 카페에 가던 사람들까지 몰려들자 벼룩시장은 북적북적 기분 좋게 붐볐다.

벼룩시장에 손님이 가득 차자 줍줍 여사는 그들 앞으로 나갔다. 꼭 하고 싶은 말이 있었다.

　"여러분, 이 물건들은 제가 몇 년 동안 모은 보물입니다. 이걸 팔아서 얻은 수익금은 어린이 병원을 세우는 데 모두 기부할 거예요. 칠십 평생을 내 가족과 나를 위해서만 살았는데, 유에프오 카페의 보스를 보고 생각이 바뀌었어요. 이제 다른 사람들에게 보탬이 되는 삶을 살고 싶어요. 여러분들의 마음도 많이 더해 주세요."

　줍줍 여사의 말이 끝나자 벼룩시장에 모인 사람들은 박수를 보냈다. 줍줍 여사의 뜻에 동참하겠다며 더 적극적으로 물건을 골랐다. 위니 원장은 울컥 눈물이 나왔다.

그날 저녁, 줌줌 여사는 바바를 집으로 초대했다.

생물종 제거 장치 회수 임무에 실패한 바바는 풀이 팍 죽어 있었다. 그런 바바의 속도 모르고 줌줌 여사는 빙긋 웃었다.

"영감님, 이것 좀 봐요. 보물 창고에서 이상한 물건을 발견했어요. 언제, 어디서 주웠는지 잘 모르겠는데……."

"어떻게 이걸 가지고 있어요? 내가 이 물건에 대해 말한 적 있나요? 내가 들고 있는 걸 본 적 있습니까?"

"본 적은 없지만, 딱 알았죠. 이건 바바 영감님이 좋아할 만한 최신 게임기구나, 하고 말이에요. 우린 친구니까요."

"네, 최신 게임기 맞습니다. 고맙습니다, 줌줌 여사."

비밀 요원 바바는 겨우 비밀 임무를 성공했다. 친구의 마음을 알아주는 줌줌 여사 덕분이었다.

보고서 59

지구인의 공감 능력을 높이는 법

🌎 2020년 3월 22일　 아우레 7386년 8월 45일　작성자: 바바

지구 사건 개요

* 지구인들은 사용하던 물건을 스스로 재활용함. 엄청난 기술이 필요한 일은 아님. 쓰던 상태 그대로, 또는 조금 닦거나 꾸며서 다른 사람에게 파는 것임. 지구인들은 굉장히 많은 물건이 필요한 삶을 살기 때문에, 자신에게 필요 없는 것이 남에겐 꼭 갖고 싶은 것이 될 수 있음.
* 줍줍은 지금까지 모은 것들로 벼룩시장을 열어 팔았음. 그리고 놀랍게도 헌 물건들을 일부러 닦고 수리해 팔아서 번 돈을 남에게 몽땅 기부했음. 돈을 좋아하는 지구인이 돈을 남에게 그냥 줘 버린 것임.
* 헌 물건 수리 프로젝트에 동참하며, 생물종 제거 장치를 회수하려 했지만 보이지 않음. 또다시 지구인의 후회를 할 뻔했으나, 아우린의 기계를 최신 게임기로 착각한 줍줍이 가지고 있었음. 또 잃어버리지 않도록 조심, 또 조심할 것!

지구인 기부의 이유

● 기부는 대가 없이 남을 위해 돈을 내놓는 행위임. 돈이 얼마나 많으면 저런 행동을 할까 싶지만, 지구인들의 기부는 기부하는 이의 경제적 형편과 상관없이 일어났음. 지구에서는 돈이 많은 부자도, 어렵게 생활하는 노인도 기부 행위를 함.

지구인들이 말하는 기부를 하는 이유 TOP3

1위 사회에 도움이 되고 싶어서
2위 형편이 좋지 않은 이들에게 동정심을 느껴서
3위 기부를 하니 행복해서

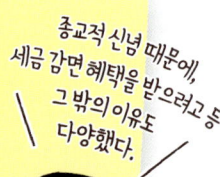

종교적 신념 때문에, 세금 감면 혜택을 받으려고 등 그 밖의 이유도 다양했다.

- 금전적으로 손해인 걸 알면서도 왜 지구인들은 기부를 할까? 이를 밝혀내기 위한 실험에서, 참가자들을 fMRI 장비에 눕혀 놓고 실험 참가비로 일정 금액의 돈을 지급하겠다고 함. 그러자 지구인의 뇌는 미상핵과 측좌핵을 포함한 쾌락 중추가 활성화되며 기분이 좋아짐. 이후 이 돈을 기부할지, 말지 선택하게 함.

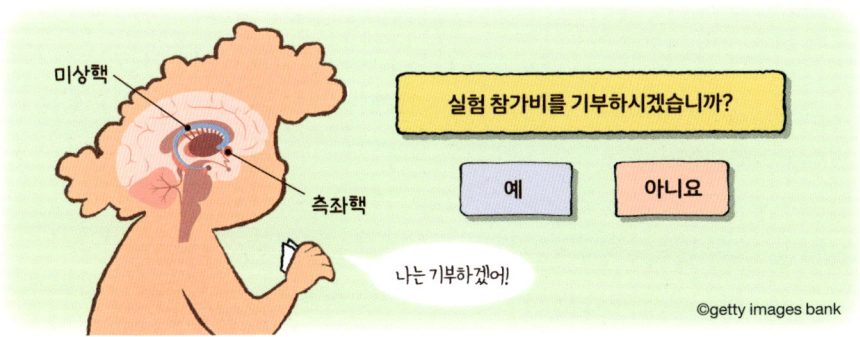

- 이때 어떤 버튼을 누르든 간에 뇌의 쾌락 중추가 다시 활성화되는 것이 관찰됨. "아니요"를 누른 지구인은 진짜로 돈이 생겨서 기쁘고, "예"를 누른 지구인은 그 돈으로 남을 도울 수 있어서 기쁜 것. 돈을 받는 것도, 주는 것도 좋아하는 지구인들임.
- 지구인이 "예" 버튼과 "아니요" 버튼을 누르게 하는 결정적 차이는 무엇일까? 지구인 과학자들도 아직 이것의 답을 찾아내지 못했다고 함. 어쩌면 똑똑한 아우린이 이를 밝혀낼 수 있을지 모름.

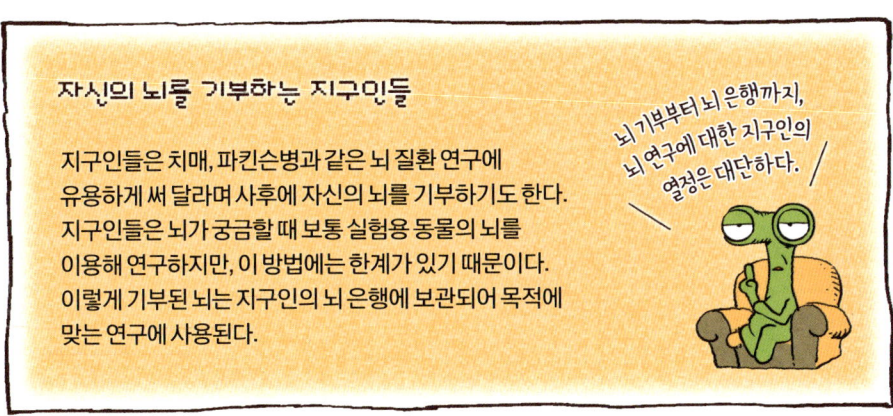

지구인 착하게 만들기

- 지구인들은 아파하거나 슬퍼하는 지구인이 있으면 최대한 그 사람을 편안하게 만들어 주려고 노력함. 애정 어린 손길로 껴안아 주고 달래 줌. 이러한 위로 행동은 지구 동물에게도 나타남. 침팬지들은 실수로 나무에서 떨어진 다른 침팬지를 위로하기 위해 달려가고, 개는 슬퍼하는 주인의 뺨을 핥거나 주위를 뱅뱅 돌며 위로함.
- 지구 에모리 대학의 연구원들에 따르면, 심지어 쥐도 공감과 위로를 할 줄 안다고 함. 연구원들은 아파하는 친구에게 털 고르기를 해 주는 쥐의 뇌를 분석하여 뇌의 어느 부위가 위로와 관련이 있는지 알아냄. 그 부위를 인간의 뇌에서 찾아보면 이곳임.
- 전대상피질은 사랑과 유대감을 만드는 호르몬인 옥시토신의 분비 신호를 내리는 영역임. 이곳에서 옥시토신 신호를 차단하자 쥐들은 더 이상 다른 쥐를 위로하지 않았음. 옥시토신은 지구인이 서로를 끌어안을 때 나오는 호르몬인데, 반대로 서로를 끌어안게 만들기도 한다는 것이 과학적으로 증명됨.

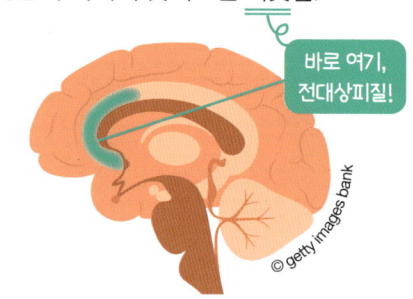

바로 여기, 전대상피질!

지구인이 같이 춤을 추면 벌어지는 일

왈츠, 탱고와 같이 두 명 이상의 지구인이 함께 춤을 추면 공감 능력이 높아진다는 연구 결과가 있다. 춤을 춘 이들의 뇌는 일반인보다 전대상피질의 부피가 컸는데, 파트너의 생각과 감정에 관심을 기울이고, 이를 공유하려고 한 노력 때문으로 보인다. 단, 여기에도 조건이 있다. 오랫동안 서로 호흡을 맞추며 춤을 연습할 것.
지구인의 공감 능력은 한순간에 발달하지는 않는다. 이야기 임무 대신 지구인과 춤을 춰 볼 걸 그랬나?

내 파트너는 어디 있을까?

4

우리 팀
이겨라!

지구인의 마음이 하나가 되는 순간

공연장 앞에 사람들이 북적거렸다. 꽃다발을 든 부모님들과 교복을 입은 중학생 무리가 삼삼오오 모여 있었다.

유니도 해진이를 응원하러 왔다. 다른 친구들은 학원에 가는 바람에 어쩔 수 없이 혼자서. 친구가 나오는데 이 정도 의리는 지켜야지!

"유니야!"

뒤쪽에서 유니를 부르는 소리가 들렸다.

"너도 봉사 시간 채우러 왔어?"

서연이였다. 하필이면 수지와 함께였다.

아까 교실에서 합창 보러 갈 거냐고 물었을 때는 대답이 없더니 이렇게 딱 만났다.

"혼자 온 거야?"

"응. 해진이 응원하러. 해진이가 합창단원이잖아."

유니는 수지를 보지 않으려 애쓰며 서연이에게 대답했다.

수지도 유니를 본체만체 외면했다. 티 나게 유니의 반대쪽으로 고개를 돌리고, 다 들리게 중얼거렸다.

유니는 서연이를 가운데 두고 수지와 나란히 앉았다. 절교 이후 수지와 이렇게 가까이 앉기는 처음이었다. 가시방석에 앉은 듯 불편하고 불안했다. 유니는 괜히 주위를 두리번거렸다. 뜻밖에도 뒷자리에 생선파가 앉아 있었다.

객석에는 응원 팻말이 많았다. 열 개의 중학교 합창단이 모여 벌이는 큰 대회인 만큼, 그에 따른 응원 경쟁도 치열했다. 유니도 가방에 온갖 응원 도구를 다 챙겨 왔다. 뭘 꺼내서 해진이와 우리 학교를 응원할까? 이왕이면 큰 게 좋겠지! 유니는 돌돌 말아 온 플래카드를 꺼냈다.

 '서연이한테 같이 좀 들어 달라고 할까?'

 유니는 서연이 쪽으로 고개를 돌렸다. 하필이면 그때 수지도 서연이를 보며 투덜거렸다.

 "음악회에서 왜 응원을 하고 난리야? 유치하고 교양 없게."

 유니는 플래카드를 슬쩍 바닥에 내려놓았다.

 첫 번째 순서가 시작되었다. 풍선중학교 합창단이었다.

풍선중 합창단은 중학생이라고 믿어지지 않을 만큼 훌륭한 화음을 선보였다. 노래가 끝나자 객석에서는 박수와 함성이 터져 나왔다. 그중에 음악회에는 전혀 어울리지 않는 야유도 섞여 있었다. 자기 학교를 응원하기 위해 다른 학교를 깎아내리는 야유였다.

"음악회야, 야구 경기야? 왜 이렇게 시끄러워?"

수지는 목청을 높여 응원하는 아이들을 둘러보며 인상을 찌푸렸다. 그런데 다른 학교 학생들의 응원 소리가 높아질수록 수지의 마음이 변했다. 불안하고 불편한 마음이 들었다.

'우리 학교만 응원을 안 하네. 이러다 우리 학교만 상 못 타는 거 아니야?'

수지는 학교 합창단에 털끝만큼도 관심이 없었다. 하지만 우리 학교가 다른 학교에 지는 건 싫었다. 수지는 서연을 톡톡 치며 말했다.

"우리도 응원하자. 우리 학교만 응원하는 사람이 없어."

"그러게. 이럴 줄 알았으면 응원 도구라도 준비해 올걸."

서연의 말이 끝나기도 전에 유니가 가방을 열었다.

"내가 준비했어. 손 팻말, 깃발? 뭐 줄까? 플래카드도 있는데……."

열광적인 응원전을 펼쳤지만, 안타깝게도 아울중 합창단은 우승하지 못했다.

해진은 무대에서 내려와 함박웃음을 지으며 유니가 건넨 꽃다발을 받았다. 그러고는 유니와 수지를 번갈아 쳐다보았다.

생선파는 툴툴대며 자신들의 아지트인 편의점으로 향했다. 편의점에는 놀라운 물건이 생선파를 기다리고 있었다. 바깥에서 볼 수 있는 대형 모니터가 설치되어 있었던 것이다. 대호는 루이에게 쪼르르 가서 물었다.

"형, 저 모니터 뭐야?"

"사장님이 줍줍 여사님의 벼룩시장에서 샀대. 파라솔에서 손님들이 음악 방송이랑 운동 경기 같은 거 볼 수 있게."

"그럼 오늘 하는 축구 라이벌전도 틀어 줄 거야?"

"응, 아마도……."

루이의 말이 끝나기도 전에 생선파들은 모니터 앞에 자리를 잡았다. 생선파가 세상에서 제일 좋아하는 두 가지가 축구와 라면인데, 그 둘을 한꺼번에 즐길 기회를 놓칠 리 없었다.

전설의 라이벌전은 우리나라 팀의 패배로 끝났다. 생선파는 억울해 죽겠다며 테이블을 두드려 댔다.

"응원하는 팀이 졌다고 저렇게 화내고 저주할 일인가?"

라후드가 중얼거리자 정 박사가 말했다.

"우리 편에 대한 애착이 강할수록 다른 편을 밀어내고 적대시하는 법이죠. 그래서 우리 편 반칙은 되고 다른 편 반칙은 절대 안 된다는 거예요."

"지구인이 외계인에게 적대적인 것도 그래서일까요? 외계인을 다른 편이라고 생각해서요? 넓은 범위로 보면 우린 다 같은 우주인인데!"

"그런 셈이죠. 그러니까 지구에 온 외계인들은, 먼저 지구인과 외계인이 같은 우주인이라는 사실을 강조하는 게 좋을 거예요. 그래야 지구인들이 거부감을 갖지 않죠. 외계인을 만나면 이 사실을 꼭 알려 주고 싶어요."

정 박사는 라후드를 빤히 쳐다보며 말했다. 라후드의 정체를 의심하는 걸까? 외계인인 것을 알고 도우려는 것일까? 라후드는 마음이 뭉클해졌다. 하지만 일단 시치미를 뚝 떼고, 조용히 하늘을 가리켰다.

"박사님, 그렇게 중요한 사실은 저 멀리 있는 외계인에게 알려 주세요. 저는 외계인이 아니라 지구인이니까요."

둘은 나란히 하늘 너머의 머나먼 우주를 바라보았다.

보고서 60
지구인은 '우리'를 좋아한다

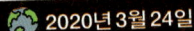 2020년 3월 24일  아우레 7386년 8월 55일   작성자: 라후드

지구 사건 개요

* 지구의 학생들은 다양한 행사에 참가함. 오늘 유니네 학교 학생들은 같은 학교 학생들이 모여 같은 노래를 부르고, 이것을 응원하는 합창 대회를 했음. 지구인들은 '우리끼리' 모여 무언가 하는 것을 매우 좋아함.
* 지구에서는 행사에 직접 참가하는 지구인 수보다, 이들을 응원하는 지구인 수가 훨씬 더 많음. 특히 인기 있는 스포츠 경기는 텔레비전 등을 통해 보며, 장소를 가리지 않고 자기가 속한 집단을 응원함. 스스로 속한 집단이 없는 경우, 좋아하는 팀을 만들어 자신과 동일시하기도 함.
* 지구인들은 다수의 규칙과 법을 만들어 정확한 판단을 내리려고 노력함. 그러나 이 규칙마저도 자신의 집단과 다른 집단에 다르게 적용하려고 했음.

내집단에 지나치게 공감하는 지구인

- 지구인은 자신과 가까운 이들에게는 더 공감하고, 멀다고 여겨지는 이들에게는 덜 공감함. 즉, '외집단(그들 집단)'보다 '내집단(우리 집단)'에게 크게 공감하는 것.
- 지구인의 편 가르기 성향은 매우 강해서 동전 던지기와 같이 무작위적인 기준으로 편을 가르더라도, 일단 같은 팀이 되는 순간 서로에게 엄청난 공감 능력을 보임. 지구인들은 같은 팀 사람들에게 더 다정하고, 그들을 더 좋아하며, 그들이 다른 팀 사람들보다 성격과 업무 능력도 더 좋다고 평가함. 동전 던지기로 같은 면이 나온 사람들을 모은 경우일지라도!
- 따라서 누군가와 친해지고 싶은 지구인들은 "저도 주황색 좋아해요.", "저도 거기 가보고 싶었는데!"처럼, 나도 너와 같다는 신호를 계속해서 줌. 우리가 같은 편이라고 느끼게 만드는 것임.

지구인의 공감은 불균형하다

- 지구인들은 무리 속에 있는 것을 매우 좋아함. 지구인은 스트레스를 받으면 불안과 긴장의 호르몬인 아드레날린과 코르티솔을 분비하는데, 이것이 가장 왕성하게 분비되는 때가 무리에서 퇴출될 때라고 함. 지구인에게 혼자가 된다는 것은 도와줄 사람 하나 없이 위험에 노출된다는 의미이기 때문에 지구인들은 다양한 기준으로 무리를 지어, '우리'라는 이름 안에서 안정감을 느낌.
- 문제는 지구인들이 지나치게 엉성한 기준으로 무리를 짓고, 이 기준을 통과하지 못하는 다른 지구인들을 배척한다는 것. 지구인들은 출신 지역, 출신 학교가 같다는 이유로 똘똘 뭉치기도 하며, 정치적 신념과 종교처럼 언제든 바뀔 수 있는 기준을 내세워 다른 사람을 괴롭히기도 함.
- 에밀리 브루노라는 심리학자에 따르면, 내집단에 대한 애착이 큰 지구인일수록 외집단에게 부정적인 반응을 보였으며, 심지어 외집단을 해치려는 마음까지 보였다고 함. 이들은 내집단에게만 공감했으며, 이들의 뇌는 인지 오류를 거쳐 외집단에 대한 고정 관념을 강화하고 있었음.

| 후속 탐사대에게 | 지구인의 다양한 인지 오류 |

아래의 오류들은 지구인이 내집단에 대해 생각할 때, 더 넓게는 세상의 정보를 받아들일 때 흔히 일어나는 오류들이다. 오늘은 자신의 집단에게 유리한 정보만을 받아들이려는 지구인의 모습을 예시로 들어 살펴보겠다. 지구인은 내집단을 아주 좋아하므로, 지구인을 만나면 "무조건 난 네 편. 너랑 같은 생각이야."라고 말해라. 그러면 외계인이라는 의심을 줄일 수 있다.

- **선택적 노출**
  집단에게 유리한 이야기가 나오는 곳만 찾는다. 궁금하지 않은 이야기는 아예 안 보겠다는 심보!

- **선택적 지각**
  자신의 생각, 믿음과 일치하는 정보만 받아들인다. 내집단을 지지하는 정보만이 진실이라고!

- **선택적 기억**
  집단에게 도움이 되는 정보만을 기억한다. 도움이 안 되면? 기억에서 삭제한다!

- **외집단 동질성 편향**
  하나의 예시만 보고 다른 집단의 모든 사람들이 그럴 것이라고 생각한다. 과도한 일반화를 해 버리는 것!

5

루나는 어디에

지구인에게 웃음과 위로를 주는 것

아싸는 벌써 30분째 시끌벅적한 초등학생들과 함께 줄을 서 있다. 지구인 초등학생으로서의 마지막 임무를 수행하기 위해서다. 그 임무는 써니, 준과 함께 가상 현실 체험하기. 아우레 최고의 과학자 아싸는 초보 단계인 지구의 가상 현실 기술에 전혀 흥미가 없었다. 하지만 이 시시한 임무를 거절하지 못한 이유는 써니의 강력한 제안을 거절할 논리적인 이유가 없었기 때문이다. 쉽게 말하면 써니가 하도 졸라 대는 바람에 어쩔 수 없이 끌려왔다.

지구인들은 불완전한 감각과 낮은 이성 때문에 가짜인 줄 알면서도 가상 현실에 속는다. 감쪽같이 속을수록 더 즐거워한다는 점에서 가상 현실은 지구인의 마술과 비슷하다. 이런 걸 줄까지 서 가며 기다리다니. 아싸는 이해하기 힘들었다.

하긴, 아우린으로서 지구인을 이해하지 못하는 부분이 어디 한둘인가! 아싸는 마지막으로 하나 더 발견했다고 신기하지도 않았다.

드디어 아이들의 차례가 되었다. 써니와 준은 신이 나서 체험방으로 뛰어 들어갔다. 아싸도 느릿느릿 뒤를 따랐다.

'며칠만 지나면 이런 임무도 수행할 필요가 없겠지……'

아싸는 지구 어린이들의 뒷모습을 잠시 바라보았다.

"누가 먼저 해 볼래요?"

체험을 도와주시는 선생님의 말이 끝나기도 전에 써니가 손을 번쩍 들었다. 선생님은 써니에게 커다란 VR 안경을 씌워 주고, 양손에 컨트롤러를 쥐여 주었다. 두 발에는 감각을 느끼는 특별한 신발도 신겨 주었다.

"와, 진짜 최첨단이다."

써니는 눈을 휘둥그레 뜨고 감탄사를 연발했다. 하지만 아싸는 투박하고, 무겁고, 거추장스러운 장비들을 보며 다시 한번 지구의 뒤떨어진 과학 기술을 실감했다.

"난 완전 스릴 있는 거 할 거야!"

써니가 곧장 컨트롤러를 눌러 원하는 체험을 골랐다.

가상 현실 속에서 써니는 작은 고무보트를 타고, 물살이 거센 강에서 급류를 타고 있었다. 덜컹덜컹 요동치는 배에서 균형을 잡느라 급하게 노를 젓고, 몸을 요리조리 움직였다. 배가 뒤집어질 것 같은 위태로운 순간마다 저도 모르게 소리를 꺅꺅 질렀다.

어느 순간, 써니는 자신이 가상 현실 체험 중이라는 사실을 잊었다. 눈앞에 펼쳐진 급물살을 헤쳐 나가기 급급했다. 하지만 지켜보는 준과 아싸에겐 아무것도 없는 방에서 비명을 지르며 소란 떠는 써니의 우스꽝스러운 몸짓만 보일 뿐이었다.

준은 강아지 돌보기 체험을 골랐다. 1년 전에 죽은 퐁퐁이가 생각나서였다. 퐁퐁이는 준이 아기일 때부터 함께 지낸 강아지인데, 좋아한다는 이유로 너무 괴롭힌 것 같았다. 퐁퐁이 생각을 할 때마다 미안한 마음이 들었다. 다시 만나면 꼭 사과를 하고 싶었다.

아싸는 아무 체험이나 골랐다. 하필이면 롤러코스터 체험이었다. 하지만 상관없었다. 진짜 롤러코스터를 탄 듯 주변 풍경이 빠르게 움직였지만, 아싸는 어지럽지도, 무섭지도 않았다. 균형을 잡기 위해 몸을 앞뒤로 움직이지도 않았고, 소리를 지르지도 않았다. 아우린의 정확한 감각은 이 정도 가상 현실 기술에 영향을 받지 않았다.

"아싸는 외계인이 틀림없어."

아이들의 말에 아싸는 정신이 번쩍 들었다. 아싸는 얼른 핑계를 댔다. 지구에 머무는 동안 거짓말만 늘었다.

"VR 안경이 고장 났나 봐. 화면은 안 보이고 의자만 흔들렸어. 급류 타기 체험은 어땠어?"

"얼마나 신났다고. 스트레스가 확 풀렸어."

써니는 발을 동동 구르며 즐거워했다.

"강아지 돌보기 체험도 정말 좋았어. 우리 퐁퐁이를 다시 만난 것 같았거든. 같이 놀고, 목욕도 시켜 주고, 사과도 했어. 내가 퐁퐁이한테 잘못한 게 많았던 것 같아서……."

준은 또다시 눈물이 울컥 솟았다. 가상 현실에서 만난 가짜 강아지에게 진짜 위로를 받은 것이다.

아싸가 아이들과 함께 가상 현실 체험을 하던 그 시각, 루나는 보석산 입구에 서 있었다.

"아우린 없지?"

루나는 아우린 텔레파시를 켰다. 아무 반응이 없었다. 반경 500m 내에 아우린은 없다는 뜻이었다. 루나는 안심하고 산을 올랐다. 지구인은 신경 쓸 필요가 없었다. 보석산에서 귀신이 나온다는 소문과 보스의 살벌한 경고문이 합쳐진 결과, 지구인들은 보석산과 보석호텔 근처에 얼씬거리지 않았다.

루나는 익숙한 발걸음으로 보석호텔에 들어갔다. 미니미 우주선에서 떼어 낸 비밀 통신 장치가 이곳에 있었다. 루나의 예상대로 비밀 통신이 들어와 있었다. 그런데 아우레 행성에서 온 통신이 아니었다.

　완벽한 줄 알았던 루나의 계획은 실패했다. 루나는 재빨리 새로운 계획을 짰다. 새 계획에서 가장 중요한 것은 아우레 탐사대가 지구를 떠날 때까지 잡히지 않는 것, 비밀 통신 장치를 사수하는 것이다. 이후 포트 행성에 있는 스피와 만나 지구를 차지할 새로운 방법을 찾는다.

　"겉모습 변신."

　루나는 지구인 슈트의 모습을 바꾸고, 전혀 다른 사람이 되어 보석호텔을 나섰다. 루나의 슈트가 모습을 바꿀 수 있는 최신 과학 기술이 탑재된 슈트라는 점이 참으로 다행이었다.

루나가 사라진 그 시각, 임시 본부에도 행성 지도부에서 보낸 비밀 통신이 도착했다. 비밀 요원 바바보다 지도부에서 먼저 비밀 단체 회장의 정체를 알아낸 것이다.

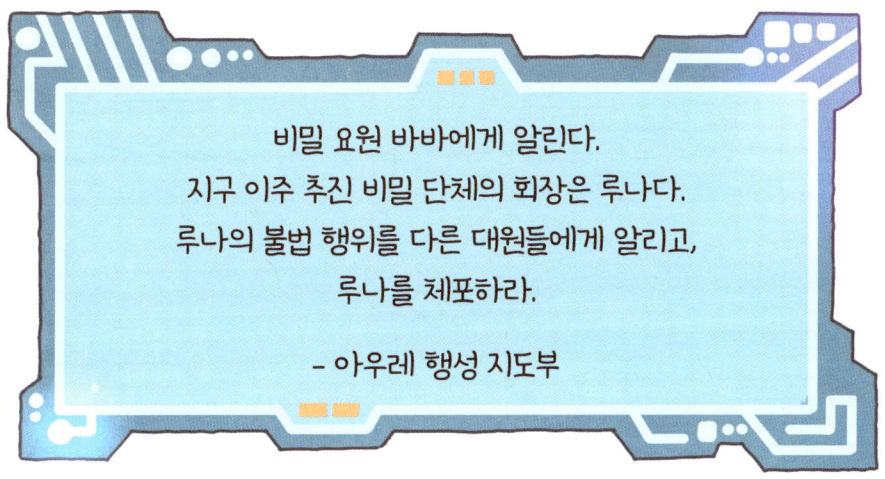

비밀 요원 바바에게 알린다.
지구 이주 추진 비밀 단체의 회장은 루나다.
루나의 불법 행위를 다른 대원들에게 알리고,
루나를 체포하라.

- 아우레 행성 지도부

바바는 루나를 의심조차 하지 않았다. 루나는 행성 지도부 원이니까. 하지만 다시 생각해 보니 이성적인 판단이 아니었다. 바바는 지구인처럼 후회하고 자책하는 대신, 재빨리 다음 대책을 마련했다. 먼저 행성의 체포 명령을 실행할 오로라에게 이 사실을 알렸다.

배신감을 느낀 오로라는 순간 지구인처럼 노발대발 화를 냈다. 그 소리에 놀란 라후드가 통신실로 뛰어 들어왔다.

"무슨 일이야?"

하지만 오로라는 곧 높은 이성을 발동시켜 감정을 자제하고 자신이 해야 할 일에 집중했다.

"루나를 체포하고 남은 대원들을 무사히 귀환시킨다. 루나는 어디에 있지?"

바바와 라후드가 고개를 저었다. 마침 그때 아싸가 돌아왔다. 오로라와 바바와 라후드는 동시에 달려가 물었다.

"루나는 어디 갔지?"

"루나에게 물어라."

아싸도 루나의 행방을 알지 못했다.

오로라는 당장 아우린 텔레파시를 검색했다. 아우린 텔레파시가 통하는 지역 내에 루나는 없었다. 라후드는 휴대폰을 집어 들었다.

"내가 전화해 볼게. 지구에서는 전화로 사람을 찾는다."

루나는 전화를 받지 않았다. 바바가 루나의 휴대폰 위치를 추적하려 했지만 전원이 꺼져 있어서 실패했다.

밤이 되었다.

그때까지도 루나는 돌아오지 않았다.

 오로라는 루나의 실종을 행성에 공식적으로 보고했다. 하지만 사라진 아이를 찾는 지구인들처럼 루나를 찾아 나서지는 않았다. 루나를 찾아다니다 다른 아우린까지 위험해질 가능성이 있기 때문이었다.

 "아우레 탐사대원들은 지금부터 꼼짝 말고 임시 본부에 대기하라."

 탐사대장 오로라는 남은 대원들을 끝까지 지켜서 무사히 아우레로 돌아가기로 했다. 루나 문제는 행성 지도부에서 따로 해결할 일이었다.

보고서 61
이야기가 지구인의 뇌에 미치는 영향

 2020년 3월 25일　　아우레 7386년 8월 60일　　작성자: 아싸

지구 사건 개요

* 지구인들은 짧은 삶을 사는 동안에도 최대한 많은 경험을 하려고 함. 이를 위한 공간이 바로 가상 현실 체험관. 이곳에는 실제로 무서워서 하지 못하는 '고층 빌딩 사이를 아슬아슬하게 건너기' 같은, 도저히 실행 이유를 알 수 없는 경험들이 즐비함. 지구인들 사이에서 매우 인기 있음.
* 만약 지구인들의 가상 현실 체험 영상에 아우린의 영상을 포함시킨다면, 외계인을 만나는 데 익숙해진 지구인들은 아우린들을 자연스럽게 받아들일지도 모름. 한번 테스트해 볼 만함.
* 아우레 귀환 명령이 도착한 뒤 루나가 사라짐. 불법을 저지른 루나를 처리하지 못하고 아우레로 돌아가야 하는 것은 큰 문제.

공감에 과학 기술을 이용하는 지구인들

- 다른 사람이 경험한 것을 전부, 똑같이 경험한다는 건 지구인에게 불가능한 일. 따라서 지구인의 공감은 불완전할 수밖에 없음.
- 가상 현실은 지구인의 뇌를 속여 지구인이 특정한 상황에 놓여 있다고 느끼게 함. 이 기술을 이용하여, 지구의 어느 영화감독은 전쟁 난민 캠프를 배경으로 가상 현실 다큐멘터리를 만듦. 이 다큐멘터리를 시청한 지구인들은 곧 전쟁 피해자들의 아픔과 상실에 공감하며 눈물을 흘렸고, 다큐멘터리가 끝나자 난민 후원 신청을 하기도 함.
- 지구인들이 각각의 상황에 어떠한 행동을 하는지 관찰하는 방법으로 가상 현실 체험을 이용해 볼 만함. 그러나 지구인들은 그것이 가상 현실임을 인지하는 순간, 실제보다 좀 더 용감해지거나 모험심을 발휘하려는 경향이 있음. 지구 수준의 가상 현실 체험보다 훨씬 더 정교한 아우레의 기술이 필요해 보임.

지구인이 외계인에게 공감하려면

- 지구인은 친구나 이웃, 모르는 사람에게 공감할뿐더러, 존재하지 않는 영화나 소설 속 인물의 마음까지 공감함. 즉, 매우 넓은 공감 범위를 가지고 있음.
- 그 범위가 외계인에게까지 확장되려면, 지구인의 공감을 증폭시킬 특별한 방법이 필요함. 바로 '이야기'임. 지구인들은 누군가의 이야기에 공감을 잘하는 편. 예를 들어, '허리케인으로 인해 12명이 사망하였다.'와 같은 딱딱한 서술보다 허리케인 때문에 사랑하는 사람을 잃고 고통받는 한 사람의 이야기에 더욱 가슴 아파함.
- 지구인들은 악당과 싸우는 주인공을 보며 마치 자기가 싸우는 것처럼 손에 땀을 흘림. 뇌가 호르몬을 마구 분비하여, 심장이 빨리 뛰고 입술이 바짝 마름. 이것은 거울 뉴런의 활동으로, 이야기 속 사건을 현실처럼 받아들이고 반응하는 것임.
- 감정적 반응을 일으키는 이야기를 만나면, 지구인의 편도체는 기억과 정보 처리를 돕는 도파민을 분비하여 "이 이야기는 중요하니 꼭 기억할 것!"이라고 표시를 함. 반면 숫자나 사실의 나열은 지구인의 감정을 일으키는 것에 약함. 즉, 지구인의 뇌는 정확한 수치보다 이야기를 더 좋아하고, 감동적인 이야기를 잘 잊지 못함. 만약을 위해 아우린의 이야기가 지구인들에게 공감을 얻도록 노력하고 있음. 향후 루이의 활약을 좀 더 지켜봐야 함.

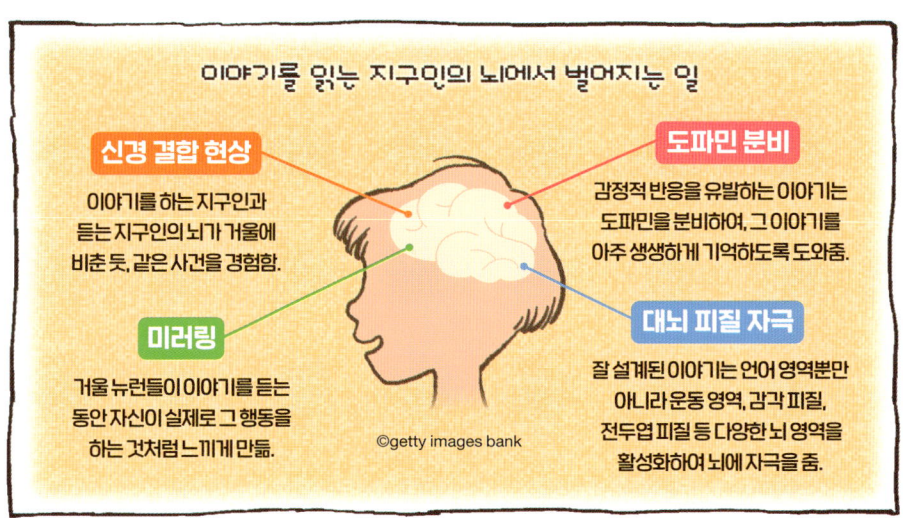

이야기를 읽는 지구인의 뇌에서 벌어지는 일

신경 결합 현상: 이야기를 하는 지구인과 듣는 지구인의 뇌가 거울에 비춘 듯, 같은 사건을 경험함.

미러링: 거울 뉴런들이 이야기를 듣는 동안 자신이 실제로 그 행동을 하는 것처럼 느끼게 만듦.

도파민 분비: 감정적 반응을 유발하는 이야기는 도파민을 분비하여, 그 이야기를 아주 생생하게 기억하도록 도와줌.

대뇌 피질 자극: 잘 설계된 이야기는 언어 영역뿐만 아니라 운동 영역, 감각 피질, 전두엽 피질 등 다양한 뇌 영역을 활성화하여 뇌에 자극을 줌.

©getty images bank

젤리족의 금고를 열어라!

젤리족의 비밀 본부에서 아주 중요한 정보가 담긴 금고를 발견했다.
금고를 열려면 비밀번호가 필요한데….
문제를 풀어 금고 비밀번호를 알아내라!

- 바바와 대호는 ___A___ 시간이나 함께 게임을 했다.
  (힌트: 〈생채움의 인강 보고가〉 4장 1회)

- 보스의 커피에는 달달한 시럽을 ___B___ 번 짜 넣어야 한다.
  (힌트: 〈생채움의 인강 보고가〉 5장 3회)

- 금 사장이 깨져서 좋아한 계약은 ___C___ 억 원짜리였다.
  (힌트: 〈생채움의 인강 보고가〉 8장 6회)

- 루이 친구 재수는 루이의 편의점에서 총 ___D___ 가지 간식을 얻어먹었다.
  (힌트: 〈생채움의 인강 보고가〉 7장 4회)

비밀번호 = (A + B) × C - D

알았다! 비밀번호는 _____ 임!

*정답은 152쪽에서

6

외계인과의 조우

지구에서의 마지막 밤

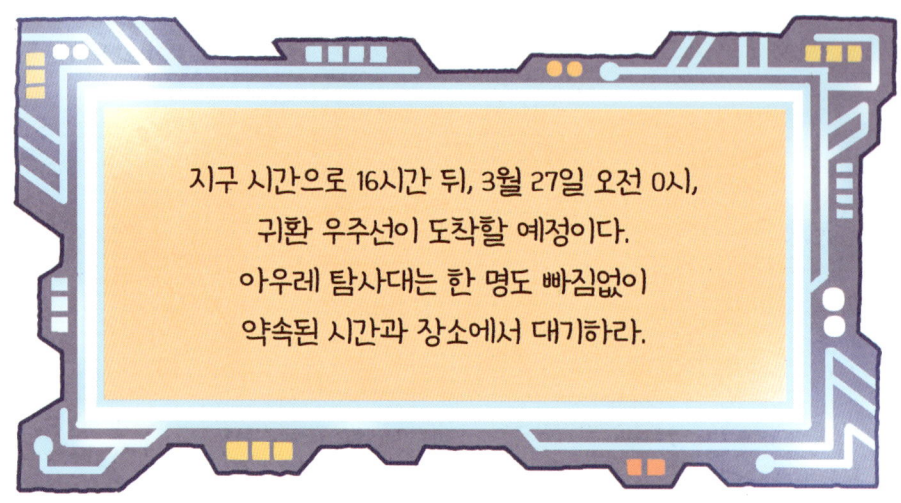

지구 시간으로 16시간 뒤, 3월 27일 오전 0시,
귀환 우주선이 도착할 예정이다.
아우레 탐사대는 한 명도 빠짐없이
약속된 시간과 장소에서 대기하라.

떠날 시각이 가까워지자 라후드는 마음이 복잡했다. 빨리 아우레에 가고 싶지만 한편으로는 지구에 더 머물고 싶다고나 할까! 보통의 아우린이라면 느끼지 않을 혼란스러운 감정이었다.

"잠깐 나갔다 올게."

라후드가 벌떡 일어서자 오로라가 막았다. 루나의 잠적으로 아우레 탐사대는 이미 한 명의 대원을 잃었다. 오로라는 나머지 대원들을 안전하게 지켜야 한다.

"이탈 금지. 아우레 탐사대는 임시 본부에 대기한다."

"잠깐이면 돼. 지구를 눈에 좀 담고 올게."

"안 된다. 지구를 라후드의 눈에 담는 일은 불가능하니 포기해라. 지구의 크기와 라후드의 눈 크기를 비교하라."

오로라의 말은 틀린 점이 하나도 없었지만 라후드는 마음이 상했다.

"오로라는 지구의 언어를 너무 몰라. 지구인과 오로라는 너무 안 맞아. 아우린 이주 행성이 지구로 결정되어도 절대 지구에 돌아오지 마. 어디 딴 행성으로 가 버려!"

라후드는 버럭 소리치고 제 방으로 쾅 들어갔다. 지구인 마음도 모르고, 아우린 마음도 모르는 오로라가 방에 들어오지 못하게 문을 꽉 잠갔다. 그러고는 살금살금 창문을 넘어 몰래 밖으로 나갔다.

이건 몰랐지?

라후드는 임시 본부 앞에서 주위를 둘러보았다.

"오늘 밤이 정말 지구에서의 마지막이야. 절대 잊진 않겠지만, 그래도 지구의 모습을 좀 더 기억하고 싶어. 어디가 좋을까?"

라후드는 스스로에게 물었다. 바로 답이 나왔다. 라후드는 곧장 발걸음을 옮겼다.

 일에 열중하던 루이가 문득 고개를 들었다. 지구인은 가끔 보고 듣지 않아도 알아차리는 놀라운 능력을 발휘한다. 지구인에게는 아우런과 같은 텔레파시 통신 능력이 없다는데, 사실이 아닌 것 같았다.

 루이가 라후드에게 손을 흔들었다. 어서 들어오라는, 반기는 손짓이다. 라후드는 루이를 그냥 눈에만 담고 가려 했는데, 저도 모르게 팔랑팔랑 루이에게 달려갔다.

 "루이, 보고 싶을······."

 라후드가 작별 인사를 마치기도 전에 루이는 불쑥 태블릿을 내밀었다.

 "마침 잘 오셨어요. 새로 올릴 웹툰 보여 드릴게요. 라후드 씨에게 처음 보여 드리는 거예요."

　루이는 평소와 달라 보이는 라후드를 걱정했다. 라후드는 루이의 다정한 눈빛을 기억 속에 콕 저장하고 일어섰다.

　"아무 일 없어요. 루이 씨의 웹툰이 인기가 많아지면 좋겠어요. 많은 지구인들이 봤으면 좋겠어요. 안녕."

　라후드는 터벅터벅 편의점을 걸어 나왔다. 지구인들처럼 헤어지기 싫어서 눈물, 콧물을 쏟는 비이성적인 이별을 할까 봐 발걸음을 재촉했다. 물론 라후드의 지구인 슈트는 눈물, 콧물을 제작하는 기능은 없었지만…….

　"라후드 씨, 늘 제 웹툰 응원해 줘서 고마워요! 다음 쉬는 날에 제가 밥 한번 살게요."

　루이가 뒤에서 외쳤다. 내일이면 라후드가 사라질 줄도 모르고. 지구인은 정말 한 치 앞도 내다보지 못하는 존재이다.

그만 본부로 돌아갈까? 라후드는 신호등 앞에 서서 한참을 망설이다 유에프오 카페로 향했다. 마지막으로 자신이 일했던 카페 주위를 둘러보고 싶었다.

다시 와서 보니, 라후드는 이곳에서 일하기를 참 잘했다는 생각이 들었다. 다양한 지구인 탐구에 최적화된 곳이었기에 외계문명탐구클럽 회원들에게 들려줄 모험담도 많았다.

"그래도 외계인 추적자들의 소굴인 줄 알았으면 절대 안 왔을 거야. 아우린들의 이성이 지구인보다 뛰어나다 해도, 한 치 앞을 내다보지 못하기는 지구인과 마찬가지네."

지구의 기억을 떠올리던 라후드는 불 꺼진 카페 유리창에 이마를 댔다. 그 순간, 카페 안 불이 탁 켜졌다. 라후드는 깜짝 놀라 허둥대다 우당탕 넘어지고 말았다.

보스가 들어오라고 말했지만, 라후드는 안으로 들어가지 않았다. 아니, 들어갈 수 없었다. 라후드가 문을 통과하는 순간 외계인 탐지 장치가 울릴 테니까.

라후드는 유리창에 이마를 댄 채로 입을 크게 벌려 말했다.

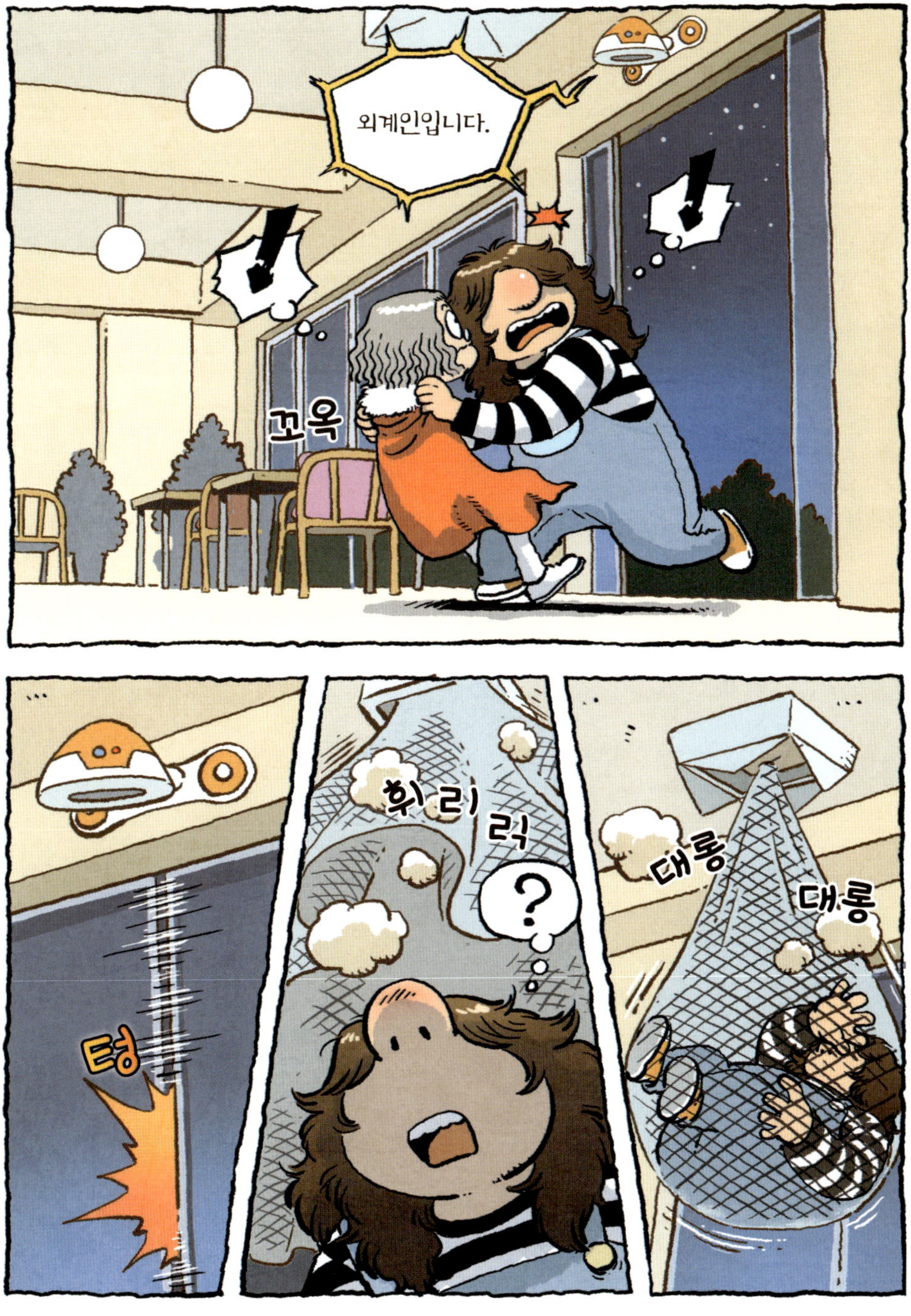
외계인입니다.
꼬옥
...
텅
휘리릭
?
...
대롱
대롱

 "아무리 봐도 모르겠어. 라후드 씨는 어딜 봐도 지구인인데. 지구인보다 더 지구인 같아."

 보스가 중얼거렸다. 라후드의 외모만 보고 든 생각은 아니었다. 과학 기술이 뛰어난 행성의 외계인이라면 지구인과 똑같이 변신할 테니 외모는 큰 의미가 없다. 보스는 그동안 겪어 온 라후드의 행동, 성격, 말을 두고 판단했다.

 "맞아요. 저는 지구인이에요. 믿어 주세요, 보스."

 라후드는 다급하게 말했다. 하지만 보스는 고개를 저었다.

 "사람의 눈은 정확하지 않아. 믿고 싶은 대로 믿고, 착각하기 일쑤야. 난 나보다 과학 기술을 믿어."

보스는 울다가 웃으면서 외쳤다. 화가 난 것 같기도 하고, 서러운 거 같기도 하고, 어떻게 보면 기쁜 것 같기도 했다. 지구인 전문가가 다 된 라후드도 해석이 불가능한 감정이었다.

보스가 울고 웃으며 난리를 치는 사이에 라후드는 오로라에게 구조 요청 텔레파시를 보냈다.

그러나 유에프오 카페와 임시 본부의 거리는 521미터. 반경 500미터까지만 작동하는 아우린 텔레파시는 오로라에게 도달하지 못했다. 라후드가 임시 본부에서 몰래 탈출했기에 오로라는 라후드가 사라졌다는 사실조차 몰랐다.

한참을 울면서 소리치던 보스가 마침내 조용해졌다. 보스는 고개를 숙인 채 가만히 앉아 있었다. 라후드는 더 겁이 났다. 보스가 윤박과 검은 양복과 다른 추적자들을 죄다 부르면 어쩌지? 외계인 추적자들이 우르르 몰려와 자신을 해부하고, 전기 고문하고, 원심 분리기에 넣어 돌리면 어쩌지?

라후드의 걱정과 달리, 보스는 아무에게도 연락하지 않았다. 고개를 들고 라후드를 똑바로 보면서 차분하게 말했다.

"라후드 씨, 본래의 모습을 보여요."

"본래의 모습이요? 이게 제 모습이에요. 전 지구인이에요."

"해치지 않을게요. 주름만 확인합시다. 나보다 많아요?"

보스가 무슨 말을 하는 거지? 갑자기 웬 주름 타령? 라후드는 주름이 하나도 없었다. 털이라면 지구 동물인 알파카 못지않게 많지만.

"전 주름 없어요."

라후드는 사실대로 말했다. 보스는 소리를 꽥 질렀다.

"거짓말 마! 나를 이렇게 만들었잖아. 당신들처럼 주름투성이로!"

"아니에요. 전 그냥 털북숭이예요. 볼래요?"

한참을 울던 보스가 문득 조용히 물었다.

"라후드 씨, 지구를 침략하러 왔나요? 지구인을 다 죽일 거예요?"

"아니요. 절대 안 그래요. 우린 아우레 행성이……."

라후드는 지구에 오게 된 사정을 다 털어놓으려고 했다. 그런데 말을 시작하기도 전에 보스가 체념한 듯 말했다.

막 문을 나서려던 라후드가 뒤를 돌아보았다. 보스는 두 손으로 얼굴을 감싼 채 절망에 빠져 있었다.

"그 외계인이 아니야. 난 망했어. 이젠 끝이야."

도대체 보스가 찾는 외계인은 누굴까? 외계 문명 탐험가인 라후드는 다양한 행성의 외계인들을 알고 있다. 그중 주름투성이고 우주 변두리의 작은 행성인 지구까지 여행할 만한 외계인이라면……

라후드는 겨우 살아 나온 카페 안으로 다시 들어갔다. 외계인에게 외계인이라고 외치는 알람을 가뿐히 무시하고 보스에게 다가갔다.

"보스, 보스가 찾는 외계인이 누구인지 알아요. 샤포이 행성의 샤포인이 틀림없어요."

"샤포인……? 확실해요? 그들을 어디서 만날 수 있죠? 도대체 나를 왜 이렇게 만들었대요?"

보스는 숨도 안 쉬고 물었다. 라후드는 보스의 질문에 대답하는 대신 자신이 궁금한 점을 물었다.

"그건 모르지만……. 지구인의 피부보다 샤포인의 피부 기능이 열 배는 더 뛰어나요. 그렇게 훌륭한 피부를 보스는 왜 싫어해요?"

어린이를 위한 김상욱 교수의 첫 물리 동화

물리박사 김상욱의 수상한 연구실

과학의 비밀이 풀리는 김상욱 교수의 연구실로 초대합니다!

*시리즈는 계속됩니다.

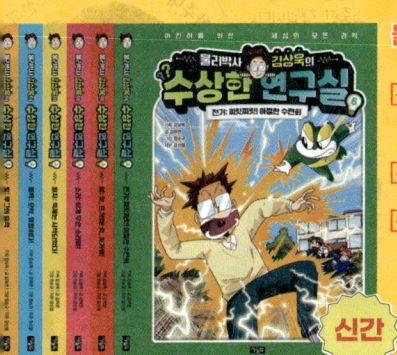

물리를 왜 배워야 할까요?

☑ 물리는 과학에 대한 호기심을 일깨웁니다.
☑ 물리를 알면 과학이 쉬워집니다.
☑ 물리는 모든 과학의 기본입니다.

물리학자 김상욱 교수

 미리보기
 김상욱 인터뷰

김상욱 기획 | 김하연 글 | 정순규 그림 | 강신철 감수

교보문고, 예스24, 알라딘 등 온라인 서점 및 전국 오프라인 서점에서 만나실 수 있습니다.

이제껏 없던 어린이 의학 동화

tvN〈유 퀴즈〉화제의 의사
국내 최대 규모 외상센터
정경원 아주대학병원 외상센터장 기획 감수!

어린이를 위한 중증외상센터&닥터 헬기 이야기!

신간

> 이 책을 읽는 어린이들이 의사가 되는 것을 꿈꾸게 되기를 기대합니다.

아주대학병원 정경원 센터장

정경원 아주대학병원 외상센터장 기획·감수
임은하 글 | 하루치 그림

미리보기 독후활동지

*시리즈는 계속됩니다.

대한민국 대표 추리 만화동화

관찰력, 문해력, 논리력이 커지는
추리의 세계!

권일용 프로파일러의 정교하고
치밀한 수사가 지금 시작됩니다!

신간

프로파일러 권일용 교수

> 저와 함께 추리의 세계 속으로 범인을 체포하러 가 봅시다!

권일용 기획 | 한주이 글 | 강신영 그림

미리보기 권일용 인터뷰

*시리즈는 계속됩니다.

교보문고, 예스24, 알라딘 등 온라인 서점 및 전국 오프라인 서점에서 만나실 수 있습니다.

10대를 위한 최강 멘토 수업

대한민국 최고의 교수진이 선물하는 세상을 읽는 눈!

과학과 인문학을 아우르는 초등 지식 융합 필독서!

서울대 교수와 함께하는 10대를 위한 교양 수업

 한우리독서 올림피아드
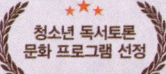 청소년 독서토론 문화 프로그램 선정

여러분이 이 책을 재미있게 읽고 서울대에서 만나는 날이 오길 기다리겠습니다.

① 법의학 ② 고대사 ③ 빅데이터
④ 해양과학 ⑤ 헌법 ⑥ 로마사
⑦ 과학기술학 ⑧ 공룡 ⑨ 수의학

서울대학교 유성호 교수

유성호, 박여운 외 글 | 신병근 외 그림

 미리보기
 유성호 인터뷰

*시리즈는 계속됩니다.

생각의 탄생

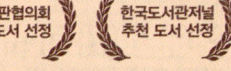 한국어린이출판협의회 어린이 필독 도서 선정 / 한국도서저널 추천 도서 선정

한국출판문화진흥재단 올해의 청소년 교양 도서 추천 도서 선정 / 카이스트 김대식 교수 기획

① 감염병과 백신 ② 시간과 시계 ③ 화폐와 경제
④ 지도와 탐험 ⑤ 문자와 생활 ⑥ 진화와 유전
⑦ 인공 지능과 미래 ⑧ 스포츠와 올림픽
⑨ 에너지와 환경
⑩ 통신과 스마트폰

김대식 기획·자문 | 예병일 외 글 | 박우희 외 그림

 미리보기
 김대식 인터뷰

*시리즈는 계속됩니다.

교보문고, 예스24, 알라딘 등 온라인 서점 및 전국 오프라인 서점에서 만나실 수 있습니다.

밤새워 읽게 되는 판타지·미스터리 동화

문해력만큼 중요한 수해력을 키워주는 수학 동화!

일상 속에서 수학을 발견하는 재미를 느껴봐요!

베스트셀러 작가, 수학 강사 류승재 선생님

"수학을 싫어하는 아이들에게도 반가운 선물! 강력 추천합니다."

전 8권 완간

미리보기

저자 인터뷰

데이비드 콜 글 | 시미씨 그림 | 김아림 옮김

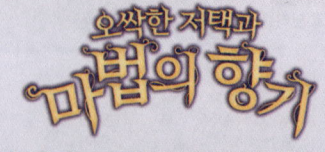

전 세계 어린이가 직접 선정한 최고의 판타지 동화

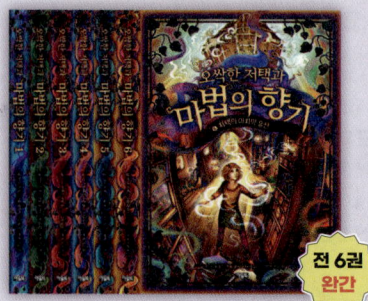

전 6권 완간

안나 루에 글 | 클라우디아 칼스 그림 | 전은경 옮김

부 유 관

걱정이 많은 아이들을 위한 고민 해결 판타지 동화

다카하시 미카 글 | 간자키 가린 그림 | 김정화 옮김

*시리즈는 계속됩니다.

교보문고, 예스24, 알라딘 등 온라인 서점 및 전국 오프라인 서점에서 만나실 수 있습니다.

• 안아주기 그림책 •

우리 아이 정서적 안정감을 심어 주는 그림책

"뾰족뾰족 화가 날 땐 어떻게 하지?"
마음이 강한 아이로 키워 주는 그림책

아이들의 마음을 주제로 한 그림책 가운데 가장 추천할 만한 시리즈입니다.
- 조선미 교수님

쇼나 이니스 글 | 이리스 어고치 그림 | 엄혜숙 옮김

미리보기   낭독영상

신기한 낱말 그림책

유아부터 시작하는 문해력 그림책

☑ 2,000개 이상의 필수 낱말 수록

☑ 그림 상황과 함께 익히는 낱말 뜻

☑ 유의어, 상대어, 관련어 등 연계 낱말 동시 학습 가능

김철호 글 | 윤기와 새우박사 외 그림

교보문고, 예스24, 알라딘 등 온라인 서점 및 전국 오프라인 서점에서 만나실 수 있습니다.

어린이를 위한 창의력 자극 프로젝트

어쩔뚱땡! 고구마 머리 TV

수업 시간에 보는 유튜브가 학습 만화로 재탄생!

호기심·상상력이 쑥쑥 자라나는 과학학습만화

77만 유튜브 <고구마머리TV>
전국과학교사모임 추천!

천문학자 이명현 박사 감수
(과학책방 갈다 대표)

*시리즈는 계속됩니다.

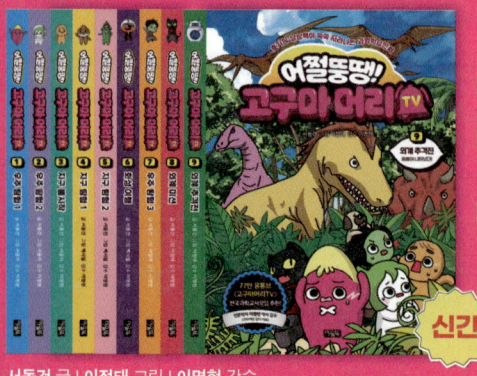

신간

서동건 글 | 이정태 그림 | 이명현 감수

<어쩔뚱땡! 고구마머리TV>의 매력 포인트

☑ 재미있게 배우는 과학 지식과 원리

☑ 초등교과과정과 연계하여 주요 과학 키워드가 머리에 쏙쏙!

☑ 천문학자 이명현 박사의 더 깊은 과학 이야기

미리보기

고구마머리송

교보문고, 예스24, 알라딘 등 온라인 서점 및 전국 오프라인 서점에서 만나실 수 있습니다.

역시나 외모 때문이었다. 지구인의 외모 집착은 아무리 돈이 많아도, 성공을 해도 끝나지 않나 보다.

라후드는 보스를 이해하지 못했지만 보스의 슬픔을 줄여 주고 싶었다. 그리고 라후드는 그렇게 할 수 있었다. 정확히 말하면 라후드가 아니라 아우레 행성에서는. 라후드는 지구인 보스에게도 아우린에게도 위험한 제안을 했다.

 보스는 전 재산을 털어서라도 반드시 우주선을 만들겠다고 했다. 하지만 라후드는 고개를 저었다.
 "아니요. 그러려면 시간이 많이 걸려요. 그냥 우리 우주선을 타고 가요. 내일 아우레 탐사대를 데리러 올 거예요."
 라후드는 보스에게 우주선이 착륙할 장소를 알려 주었다.
 "내일 밤 12시, 늦으면 안 돼요. 오로라는 100분의 1초도 기다려 주지 않아요."

라후드는 신신당부를 하고 돌아섰다. 떠나려는 라후드를 보스가 다시 불렀다.

 "라후드 씨, 나를 어떻게 믿고 그렇게 중요한 정보를 말해 줘요? 내가 외계인 추적자들을 끌고 가서 당신네들을 잡아 가두고, 우주선을 차지하면 어쩌려고?"

 "그러는 보스는 나를 어떻게 믿고 놔줘요? 내가 우리 대원들을 이끌고 와서 지구를 정복하면 어쩌려고."

 라후드의 말에 보스는 싱긋 웃었다.

 "내일 봅시다."

 라후드는 이제 정말 마지막으로 유에프오 카페를 나섰다. 카페 문을 통과하자 외계인의 출입을 알리는 경쾌한 기계음이 울렸다. 아무도 신경 쓰지 않았다.